Tagebuch eines Naturfreundes

Hubert Weinzierl

Tagebuch eines Naturfreundes

Vorwort von Konrad Lorenz
Aufnahmen von
Heinz Ehrenkäufer

Bruckmann München

Herstellung: F. Bruckmann KG, München
Graphische Kunstanstalten
Printed in Germany
ISBN 3 7654 1729 7

Inhalt

Konrad Lorenz
Zurück zur Vielfalt

Der Wiener Pflanzenphysiologe und Naturschützer Karl Burian hat einmal gesagt, die Erbsünde der Menschheit sei die Monokultur. In der Technik ist das Streben nach größter Einfachheit eine Tugend und der technomorph denkende Mensch sieht ein Ideal in Hochhäusern aus Glas und Metall, er schränkt sein Denken auf Fragen ein, die der Computer zu beantworten vermag, er hat in seiner Tagesarbeit fast ausschließlich mit menschengemachten Gegenständen zu tun und hat es daher verlernt, mit lebendigen Wesen umzugehen. Am besten, so meint er, gleicht man die Tierhaltung technischen Fabrikationsmethoden an, hält Hühner in Legebatterien und mästet Schweine und Kälber ohne Rücksicht auf die Tatsache, daß sie Lebewesen sind, die zum Leiden befähigt sind, nicht anders als wir selbst.
Unter diesen Bestrebungen wird die Welt nicht nur ständig häßlicher, sie wird auch schlechter. Dieselbe Tendenz unserer Zivilisation, die sich in Riesenbauten, Bachbegradigungen und Flurbereinigungen auswirkt, hat eine geistige »Flurbereinigung« zur Folge, eine Gleichmacherei, welche die Vielfalt unserer kulturellen Traditionen, die Verschiedenheit der kulturellen Werte und überhaupt die Verschiedenheit menschlicher Persönlichkeiten wie lästig gewordene Feldraine zu »planieren« trachtet.
Es ist ein weitverbreiteter Irrglaube, daß »die Natur« unerschöpflich sei. Jede Tier-, Pflanzen- oder Pilzart – denn alle drei Sorten von Lebewesen gehören zum großen Räderwerk – ist an ihre Umgebung angepaßt, und zu dieser Umgebung gehören selbstverständlich nicht nur die anorganischen Bestandteile einer bestimmten Örtlichkeit, sondern ganz ebenso alle ihre

anderen lebenden Bewohner. Alle Lebewesen eines Lebensraumes sind also aneinander angepaßt. Dies gilt auch für jene, die einander scheinbar feindlich gegenüberstehen, wie etwa das Raubtier und seine Beute, der Fresser und der Gefressene. Bei näherer Betrachtung stellt sich heraus, daß diese Wesen, als Arten und nicht als Individuen gesehen, einander nicht schaden, ja manchmal sogar eine Interessengemeinschaft bilden. Ganz selbstverständlich hat der Fresser ein brennendes Interesse am Weiterleben der Art von Beute, von der er lebt, sei es Tier oder Pflanze. Je ausschließlicher er auf eine einzige Nahrungs-Art spezialisiert ist, desto größer ist notwendigerweise dieses Interesse. Das Raubtier kann sein Beutetier niemals ausrotten, das letzte Paar der Räuber würde schon lange verhungert sein, ehe es dem letzten Paar der Beute-Art auch nur begegnet wäre.

Unter den heute lebenden zivilisierten Menschen sind erstaunlich wenige, die wirklich verstanden haben, daß wir nicht nur *in* der Welt der lebendigen Wesen leben, sondern auch *von* ihr leben. Daß wir nur das essen können, was die grüne Pflanze, also ein Lebewesen, aus anorganischen Stoffen mit Hilfe des Sonnenlichtes synthetisiert, ist den wenigsten bewußt. Die meisten glauben, die Technik werde schon irgend eine großartige Erfindung machen, die Brot aus Steinen werden läßt. Schon die biblische Geschichte weiß, daß dies nicht nur nicht geht, sondern ein Frevel wäre. So verwüstet die zivilisierte Menschheit blind und vandalisch die umgebende Natur und versteht immer noch nicht, daß die Begriffe ökologischen und ökonomischen Vorgehens sich nur in dem Zeitmaß unterscheiden, in denen sich dieses Vorgehen abspielt. Ökologie ist, auf lange Zeiträume bezogen, immer gute Ökonomie. Diese Erkenntnis beginnt sich allmählich durchzusetzen, ja, sie scheint erfreulich schnell um sich zu greifen. Der Schaden aber, den die kurzsichtige Ökonomie, vor allem das Wirtschaftswachstum der gegenwärtigen zivilisierten Welt anrichtet, breitet sich wie ein Lauffeuer aus. Das Schicksal der Menschheit wird davon abhängen, welcher dieser beiden Vorgänge den Wettlauf gewinnt.

Birken und Kiefern prägen das Landschaftsbild der Niedermoore im Vorwald. Im tiefen Winter ziehen sich die Bäume ein Rauhreifkleid über.

Abgesehen von rein ökonomischen Gesichtspunkten verursacht die gegenwärtige Menschheits-Entwicklung einen geistigen und seelischen Schaden, der noch viel schwerer in die Waagschale fällt. Die allgemeine und rasch um sich greifende Entfremdung von der lebenden Natur trägt einen großen Teil der Schuld an der ästhetischen und ethischen Verrohung der Zivilisationsmenschen. Woher soll dem heranwachsenden Menschen Ehrfurcht vor irgend etwas kommen, wenn alles, was er um sich sieht, Menschenwerk, und zwar sehr billiges und häßliches Menschenwerk, ist?
Schönheit der Natur und Schönheit der menschengeschaffenen kulturellen Umgebung sind offensichtlich beide nötig, um den Menschen geistig und seelisch gesund zu erhalten. Die totale Seelenblindheit für alles Schöne, die heute allenthalben so rapid um sich greift, ist eine Geisteskrankheit, die schon deshalb ernstgenommen werden muß, weil sie mit einer Unempfindlichkeit gegen das ethisch Verwerfliche einhergeht.
Bei denen, die darüber zu entscheiden haben, ob eine Straße, ein Kraftwerk oder eine Fabrik gebaut wird, wodurch die Schönheit eines ganzen, weiten Landstriches für immer zerstört wird, spielen ästhetische Erwägungen überhaupt keine Rolle. Vom Gemeinderatsvorsteher einer kleinen Ortschaft bis zum Wirtschaftsminister eines großen Staates besteht völlige Einheit der Meinung darüber, daß der Naturschönheit keine wirtschaftlichen – oder gar politischen – Opfer gebracht werden dürfen. Die wenigen Naturschützer und Wissenschaftler, die offene Augen für das hereinbrechende Unglück haben, sind völlig machtlos. Einige der Gemeinde gehörige Parzellen oben am Waldrand erhalten erhöhten Verkaufswert, wenn eine Straße zu ihnen führt, also wird das reizende Bächlein, das sich durchs Dorf schlängelt, in Röhren gefaßt, begradigt und überwölbt, und schon ist aus einer wunderschönen Dorfstraße eine scheußliche Vorstadtstraße geworden. Wiederum wurde zur Einfalt, wo Vielfalt von Natur und Kultur herrschten!
Mein Freund Hubert Weinzierl berichtet in dem vorliegenden Buch indes

Die Waldschafe werden auch im Winter in Koppeln gehalten. Dadurch wird das Zuwachsen der Täler in den Mittelgebirgen verhindert.

von jener Vielfalt und dem innigen Verwobensein alles Lebendigen vor seiner Haustür und er zeigt damit auf, wie sehr die Stabilität einer Umwelt aus einer möglichst artenreichen Tier- und Pflanzenwelt resultiert. Darüber hinaus will dieses Buch aufzeigen, wie sehr menschengerecht es sich in kleinen, bäuerlichen Strukturen leben läßt und daß aus diesen kleinen Welten das ganz große Glück und alle menschliche Kultur erwachsen.
Die Artenvielfalt ist heute auf unserer Erde in einem Ausmaß bedroht, daß wir erschauern müssen. Unsere Generation hat es geschafft, in diesem Jahrhundert mehr an Artenfülle zu vernichten als in der gesamten Menschheitsgeschichte vorher: Über siebenhundert Vogel- und Säugetierarten, mehr als dreihundert Arten von Amphibien, Fischen und Reptilien und über zwanzigtausend Pflanzenformen sind heute in höchster Gefahr, unwiederbringbar von dieser Erde zu verschwinden. Von den Tausenden bunter Käfer- und Schmetterlingsarten, von all den Kleinlebewesen bis hin zur Mikroflora und -fauna gar nicht erst zu reden. Dies bedeutet, daß weltweit das Substrat für das Lebendige in einem beängstigenden Schwinden begriffen ist; neunundreißig Prozent der noch um die Jahrhundertwende bei uns vorhandenen Farn- und Blütenpflanzen und vierzig Prozent der Fische

sind ausgestorben oder stehen auf der »Roten Liste«! Noch einmal vierzig Prozent Artenschwund und auch *unser* Überleben wird immer mehr in Frage gestellt!

So gerät unsere Umwelt aus dem Gleichgewicht wie ein Spinnennetz, von dem man einen Faden abschneidet. Schließlich hängt das Netz nur noch an drei Fäden und seine Fläche ist aufs allerhöchste gefährdet; eine Situation, wie sie unserer menschlichen derzeit auf dem fast leergefressenen Planeten Erde gleicht. Zerreißt noch einer der drei letzten Fäden, so geht die ganze Konstruktion zum Teufel! Die drei letzten Fäden sind eine Pflanze, ein Tier, ein Pilz.

Es ist eine merkwürdige Tatsache: Die Forderungen, die zum Schutz von rein ideellen Werten gestellt werden müssen, erweisen sich als identisch mit jenen, die erfüllt werden müssen, um das schlichte Überleben der Menschheit zu sichern! Sie sind identisch mit der Forderung der verantwortlichen Moral im strengsten Sinne Immanuel Kants.

Die »schöne« Landschaft, mit ihrer Vielfalt von Tier- und Pflanzenformen, mit ihren unregelmäßigen Waldrändern und unbegradigten Bächen ist, wenn man den Dingen auf den Grund geht und weiter in die Zukunft blickt als zehn oder zwanzig Jahre, nicht nur ökonomischer als die eintönigen Riesenfelder mit ihren öden Monokulturen, sie ist vielmehr der einzige wirklich ökonomische Lebensraum. Die angeblich kühl rechnenden Vertreter der Weltwirtschaft haben sich als verbrecherisch kurzsichtig erwiesen, ihnen wird von höherer Seite her eine Rechnung präsentiert, die leider nicht sie, die Verantwortlichen, bezahlen müssen, sondern ihre Kinder und Kindeskinder – leider auch die unseren. Die Geldmenschen und Prediger des Wirtschaftswachstums pflegen sich selbst als »Realisten« zu bezeichnen und die Ökologen und Naturschützer, die ihre warnenden Stimmen erheben, als »unrealistisch« oder »nostalgische« Träumer zu diskreditieren. Schon zeigt sich, daß der Glaube an die Realität des Geldes eine Illusion ist und daß auch die höchstentwickelte Technik über die

ewigen Erhaltungssätze der Physik nicht hinweghelfen kann: Auf Erden kann auf die Dauer nicht *mehr* Energie verbraucht werden, als die Sonne ihr spendet.
Das Verderben kommt mit Riesenschritten heran, der Punkt, von dem es keine Umkehr mehr gibt, nähert sich beängstigend schnell. Noch ist es Zeit, noch besitzt unsere Mutter Erde genügend viele Tier- und Pflanzenarten, um ein ökologisches Gleichgewicht wiederherzustellen. Aber allzu viele von ihnen sind in Gefahr und jede von ihnen stellt einen unwiederbringlichen Wert dar. Tier- und Pflanzenarten kann man nicht »machen«. Deshalb dürfen Naturschützer auch auf keine Kompromisse mehr eingehen, bei denen immer weniger Natur zurückbleibt. Unsere Hoffnung richtet sich zuletzt auf die Erziehung der Jugend zu einem neuen Umweltverständnis, das den Schutz der Natur aus purem Egoismus als eine existentielle Notwendigkeit begreift. Mag dieses Buch die Erkenntnis zu einer »Lebensgemeinschaft alles Lebendigen« fördern!

Lise, unsere Haflinger Stute, ist die älteste »Bürgerin« im Mühlenrevier.

Der erste neue Tag

Rohrkolben, die in der Verlandungszone des Hammerweihermoors stehen. Dieser Weiher bietet noch gesunden Lebensraum für Libellen, Wasservögel und Fische.

Diese Geschichte wird nie aufhören zu sein und sie wird immer wieder von neuem beginnen, solange es Leben auf dieser Erde gibt; nur die Personen unter uns Menschen, die Pflanzen oder die Tiere, ihr Kommen und ihr Gehen, das wird sich verändern. Aber das ist für die Lebensgemeinschaft alles Lebendigen völlig gleichgültig...

Und so wäre es natürlich auch völlig einerlei, wann und wo unsere Geschichte anfängt; aber weil wir Menschen eben alles ordnen müssen, beginnt unsere Geschichte ausgerechnet an einem Neujahrstag und endet an Silvester. Das hat den Vorteil, daß sie an jedem Tag des Jahres einmal Wirklichkeit wird!

Das Jahr war eine gute Stunde alt, als wir vom Onkelhaus, dem »Hasenbichl«, ins Lehenbachtal zur tiefverschneiten Füchslmühle hinunterkamen. Der Lehenbach plauderte feierlicher als sonst vor sich hin; war es vielleicht sein dreimillionstes Neujahr, das er heute nacht zwischen den Granitfelsen feierte? Denn unser Land, in dem diese Geschichten spielen, ist sehr, sehr alt. Aber für uns Menschen mit unserem kleinen, engen Leben bedeutet halt jedes Jahr einen neuen Anfang!

»Horch, was für ein guter Anfang!«, flüstert Maria, wie wir das Hoftor öffnen; »wenn das nicht Glück bedeuten soll!« Aus dem Hühnerhaus dringen zuerst drei, dann sieben, dann nochmals drei helle Gockelschreie in die unfaßbare Höhe der Winternacht, über die sich wie rauhnächtige Schneefinger ein paar Wolkenfetzen spannen, hinter denen die Sichel des halben Mondes hervorlugt. »Wenn er voll ist«, lacht Maria, »ist das Licht schon um einen Hahnenschritt emporgewachsen.«

Unsere beiden Hunde, der große und gescheite Krampus, ein schwarzer Münsterländer im besten Alter, und sein kleiner, noch sehr junger Kumpan, der braune Telemann, ein ewig spinnetes Wachtelmännlein, winseln und bellen etwas stiller als sonst, als wir die schwere alte Forsthaustüre aufschließen; irgend etwas scheint nicht in Ordnung zu sein. Als sich der liebe Krampus mit eingekniffener Rute unter dem Küchentisch verkriecht, ist die erste Überraschung dieses Neujahrstages offenkundig: Die Bratröhre steht offen und der zum Festtagsbraten gerichtete Rehrücken ist bis auf wenige Wirbelreste in den Mägen unserer zwei dickwanstigen Hausgenossen verschwunden!

Bald setzt Sturm und Schneegestöber ein, wie sich das für eine rechte Losnacht gehört, und wir schlafen allesamt in das neue Jahr hinein. Am Morgen liegt strenger Frost über dem Waldrand und die Birken beugt daumendicker Rauhreif; der Bach dampft in die klare Morgenluft und kalt geht die Wintersonne über den dunklen Fichten auf. Ein schwarzer Eichkater rennt mit seinen Kratzpfoten polternd über das Schupfendach in die hohe knorrige Wetterfichte, welche die Füchslmühle wie ein Bollwerk gegen den Bach und das kleine Moor abschirmt; wie immer steigen die beiden Hunde mit verzweifeltem Gejohle den Stamm der Fichte hoch, wütend, daß ihnen der Erzfeind wieder einmal entkommen ist! Mittlerweile werden sie nicht einmal mehr von den Blaumeisen und den noch frecheren Tannenmeisen ernstgenommen, die mit Vorliebe auf dem Dach des Hundehauses ihre Sonnenblumenkerne aufklopfen.

Gescheite Wissenschaftler haben uns einmal gesagt, man dürfte die Waldvögel nicht so sehr verwöhnen, die Winterfütterung sei oft übertrieben; wir tun es dennoch, denn wir leben hier auf einer Insel, die rundum von feindlichem Menschenwerk bedrängt wird. Weil sich so viele Mitgeschöpfe hier niederlassen, seitdem wir ihnen ein paar Dutzend Tagwerk Wildnis, Gewässer und Moor zurückgegeben haben, müssen wir natürlich hier und dort mit Nahrung nachhelfen, wobei wir im Lauf der Zeit soviel natürlich

Gedeihendes hier ansiedeln wollen, daß unsere Freunde eines Tages ganz ohne unser Zutun auskommen.
Mittlerweile ist die Wintersonne über den »Vogelherd« – so heißt der Wald jenseits vom Lehenbachtal – emporgestiegen und erreicht den Schneewipfel der Wetterfichte; zuerst zeigt sie sich noch rosig, dann immer funkelnder und zuletzt tritt sie in strahlendem Glanz hervor. Und hör! Da singt doch ein Fichtenkreuzschnabel sein lautes »küpp, küpp, küpp« in den Wintertag hinein, wobei er in seinem kardinalroten Federkleid wie ein Papagei hin- und herrutscht. Fichtenkreuzschnäbel balzen und brüten das ganze Jahr über, auch jetzt, mitten im Winter, und sie gehören in die Welt der Füchslmühle, wenngleich wir bis heute ihr Nest nie gefunden haben.

Die Wintersonne entlockt auch den Grünfinken ein leises Geschwätz, und hier und dort versucht ein Gimpel sein schüchternes »tüt« zu flöten, so daß beinahe schon ein Neujahrskonzert zustande kommt. An der Schütte beim Bach unten, wo Druschabfall, Gerstenkörner und Mais gefüttert werden, haben sich siebzehn Fasanenhennen, sechs bunte Gockel, vier Krähen und ein Dutzend Eichelhäher eingestellt. Wie in einem Hühnerhof sieht es dort unten aus, und als ich einen Eimer voll Gemüseabfall, ein paar Rüben und einen alten Kohlkopf zum Bach hinuntertrage, finde ich die frische Spur vom Fuchs an der Fasanenschütte! Es ist eine starke Spur, die vom Vogelherd herkommt, dann mehrmals die Schütte umkreist und den Lehenbach hinunterführt, offenbar zu den Schilffeldern hin, wo sich um diese Zeit noch das eine oder andere von den Jägern krankgeschossene Wild aufhält. Seit heute ist ja Gott sei Dank für alles Wild Schonzeit, und es hat den Eindruck, als wüßten es die Fasane bereits, die noch zahmer als sonst hierherkommen. Allerdings ist hier auf unserer Insel rund um die Füchslmühle seit Jahren ein Burgfriede vereinbart, der sich offenbar unter den Wildtieren herumgesprochen hat!

Unsere Fasane sind im übrigen Spätaufsteher, die oft noch in der Fichtendickung jenseits vom Bach schlafen, wenn wir schon mit den frischen Semmeln vom Bäcker aus dem Dorf heimkommen. Noch fauler allerdings scheint die Mäusebussardfamilie zu sein, die ebenfalls hier bei uns lebt. Erst gegen neun Uhr, als wir längst unseren Morgenrundgang beendet, da und dort die Fährten vom Rehwild, die Hasenspuren und das Geläuf der Vögel kontrolliert und alle unsere vielen Tiere gefüttert haben, kommen sie an: Das große, helle Weibchen mit dem unverkennbaren weißen Brustfleck und der dunkle, kleine Bussardmann; sie blocken auf der Weidezaunkoppel auf, nicht etwa, um auf einen Fasan oder Eichelhäher zu lauern; vielmehr gibt es rund um die Wildfütterung ebensoviel Gelbhalsmäuse, auf die sie warten.

So begann der erste Tag in diesem neuen Jahr.

Seidelbast und Haselnußblüten künden als erste schon Anfang März den Frühling in den Auen an.

Martinas Rückkehr

Die weibliche Haselnußblüte gilt als Vorbote des Frühlings.

Eine Biene »weidet« in der Löwenzahnblüte.

Schmetterlinge, wie dieser Fuchs, sind durch chemische Mittel immer mehr vom Aussterben bedroht.

Ende März bis Anfang April schlüpfen aus den Bachforelleneiern die Jungen.

Hier muß ich zunächst weiter ausholen, ehe ich über die Ereignisse des Dreikönigstages berichten kann.

Zwischen der Füchslmühle und dem Dorf liegt der uralte Schloßpark, daneben zwei hainartige Wäldchen, »Rampel« von den Leuten genannt, mit jahrhundertealten Eichen, Linden und Lärchen, unter denen sich ein halbes Dutzend kleiner Teiche verstecken, wie der geheimnisvolle, von Erlen umsäumte »Tiefe Behälter«, der »Gartenweiher« und das »Ochsenweiherl«. Diese geheimnisvolle Welt ist auf der Dorfseite von der Schloßmauer begrenzt und auf der Feldseite durch ein Wildgehege aus festen Eichensäulen. Wir haben dieses vierzehn Tagwerk große Gelände aus dreierlei Gründen umzäunt: Einmal weil wir in dem alten Schloß ein Naturkundemuseum errichten wollen und da sollen dann die Besucher ein paar Wildtiere wie Hirsche, Rehe, Wildschweine und Wisente in ihrer natürlichen Umgebung beobachten können; zum anderen sollen durch den Wildpark aber auch die kleinen Weiher für allerlei Seltenheiten vor dem Druck der Menschen bewahrt bleiben; nicht zuletzt wollen wir den Versuch machen, ein paar von den hier kaum noch vorkommenden Arten wieder anzusiedeln. Dazu gehören unsere Graugänse.

Als vor Jahren unser Freund Konrad Lorenz aus Seewiesen wegzog, nahm er nur einen kleinen Teil seiner mittlerweile weltberühmten Graugänse mit ins österreichische Grünau; der größere Teil war längst verwildert und über ganz Südbayern verbreitet, einige waren an Bekannte verteilt worden. So sind auch wir zu zweimal sieben Graugänsen gekommen. Die älteren

sieben bilden den Grundstock für eine Gänsepopulation im Neustädter Biberreservat, wo sich die wunderschönen Tiere nunmehr schon über Jahre hinweg fest eingebürgert haben und trotz vieler Rückschläge, trotz der Füchse und Jäger mittlerweile auf etwa zwei Dutzend angewachsen sind. Im Winter werden sie zusammen mit riesigen Entenscharen inmitten der Biberkolonie gefüttert, im Frühjahr brüten sie zwischen den Rohrkolben am Heiligenstädter Weiher. Sie äsen in den Flachwasserzonen bei den Deisenhofener Kiesgruben, ziehen ihre Keile über das Heiligenstädter Moos und kehren zum Kögelhaufen, zu den Bibern zurück.
Die jüngeren sieben kamen gemeinsam mit ihren Eltern eines späten Maitages in die Füchslmühle, wo wir sie solange behielten, bis ihre Flugversuche immer gefährlicher wurden; dann wurde ihnen jeweils ein Mittelfinger aus der Schwinge operiert, was die Tiere äußerlich unverändert ließ, das Fortfliegen jedoch so erschwerte, daß wir sie erfahrungsgemäß bis zur Brutreife, also einige Jahre lang, an die neu zu besiedelnde Umgebung gewöhnen konnten. Die kommenden Generationen würden dann wiederum in Freiheit das Land rundum bereichern. Die sieben Graugänse waren zunehmend furchtloser geworden; sie lebten bereits ein paar Monate gemeinsam mit Wildenten, Graureihern, unter Damhirschen und Wisenten am Tiefen Behälter im Wildpark. Oft lagen wir dort am Ufer beim Schloßweiherl zwischen den Kamillenblüten und die jungen Graugänse fraßen uns das Brot aus der Hand oder zerrten an Marias Kleidern herum, während die beiden alten ein wenig abseits das Treiben sorgsam beobachteten. Wir hatten die Eltern, wie sich das gehörte, Konrad und Martina getauft.
Unser Gänseglück fand leider sein jähes Ende an jenem Wintertag, drei Wochen vor Weihnachten, als uns ein starker Frost überraschte und das Quelloch am Tiefen Behälter zufror. Im eisigen Morgendämmern war ich ans Gehege gekommen und mußte, ehe wir helfen konnten, die Tragödie ansehen: Unsere Gänseschar versuchte die offene Wasserstelle am Gartenweiher zu erreichen, geriet dabei aber unversehens in das Wildsaugehege

und wurde sofort von den beiden alten Keilern angegriffen. Im Nu hatte jeder eine Graugans zwischen den Hauern zermalmt, schrecklich hallten die Todesschreie in den Nebelmorgen. Die beiden alten erhoben sich, zwei junge mit ihnen, und zogen zum Neuweiher hinunter, wo wir sie im Schilf noch lange Zeit vergebens suchten. Kurz vor Weihnachten dann brachten uns Schulkinder das eine Graugansjunge zurück, so daß wir wenigstens vier ins neue Jahr hinübergerettet haben.

Heute nun, am Dreikönigstag, ereignet es sich, daß Martina, unsere Gänsemutter, nachdem sie ein Monat lang verschollen war, am Einlauf des Beckenweihers gleich hinter dem Dorf entdeckt wird und sich ohne Anstände ins Gehege zurücktragen läßt.

Überglücklich fassen wir den Beschluß, auch im kommenden Frühling wieder Gänsekinder großzuziehen, in der Hoffnung, daß eines Tages die vielen Weiher hier oben zwischen den Waldbergen wieder mit einigen der zu Unrecht ausgerotteten großen, grauen Vögel besiedelt werden.

Mit Tieren sein

Die letzten wilden Rauhnachter waren mit Wolkenfetzen und Schneestürmen über das Land gejagt und hatten allerlei Schaden hinterlassen. Am »Steinbuckel« lagen drei mächtige Kiefernüberhälter im Neuschnee, und auf der »Brennerin« hatte der Sturm eine ganze Altfichtenreihe und die große überragende Tanne zu Boden geworfen. Straßen und Wege waren blockiert und die Schneepflüger hatten den ganzen Wintertag über alle Hände voll zu tun.

Auch wir müssen hinaus, wenngleich es in dieser Nebelkälte gemütlicher wäre, um den Holzofen herumzuhocken, mit den Katzen und Hunden den Gesichtern der vergangenen Rauhnächte nachzusinnieren und auf die auf dem Ofen brutzelnden, rotbackigen Bratäpfel zu warten. Aber droben im Schafstall warten über achtzig blauäugige Waldschafe und ein paar zotte-lige Heidschnucken auf das Futter, und am Weg zum Stall hinauf müssen die Vogel- und Wildfütterungen kontrolliert werden, bevor der Arbeitstag beginnt.

Am Küchenfenster fehlt wieder einmal das ganze für die Meisen aufgehängte Rinderfett; die doppelpaarigen Spuren im Neuschnee verraten die Mardersprünge, die zur großen Wetterfichte führen. Vor einigen Tagen hat der Baummarder sogar ein paar Rehläufe, die beim Zerwirken über Nacht liegengeblieben waren, dorthin geschleppt und in den großen hölzernen Eulenkobel gesperrt. Auch der große Fuchs ist wieder da; frisch und frech liegt die Spurenschnur auf der Wiese, zieht sich von dort zum Bach und verläuft im Dickicht zwischen den wie frisch lackiert aus dem

Mein treuer Begleiter: Krampus, der große Münsterländer.

Krampus versucht Kontakt mit dem Rehkitz Puppi aufzunehmen.

Beispiel eines natürlichen Hühnerhofes in einer noch gesunden Umwelt.

Schnee spitzenden Tannenkindern, die wir vor einigen Jahren unter den Schirm der Ahorne und Roterlen gepflanzt haben. Mit jedem Schritt sinken wir tief in die tote Altgrasdecke unter dem Neuschnee. »Was heißt schon tote Altgrasdecke«, denke ich und trampele etwas behutsamer durch dieses lebendige Schneereich, unter dem die frischriechenden Erdmausgänge liegen und saftige Quellmoose wie zur Sommerzeit gedeihen. Kein Wunder, daß Bussarde und Rehwild hier ebenso gern zu Gast sind.

Im Schafstall herrscht Aufregung, und wir hören aus dem Stimmengewirr das zarte Meckern eines neugeborenen Lämmleins. Ja, es sind sogar zwei, das eine noch etwas verklebt und naß, das andere hat die Mutter schon trockengeleckt; schneeweiß liegt es im Stroh. Damit ist unsere Kinderstube auf acht weiße Waldschaf- und fünf kohlrabenschwarze Heidschnucken-Lämmer angewachsen. Das ist eine Wirtschaft und ein Durcheinander, ein Mütterverlieren und Kindergejammere, ein Suchen und ein freudiges Wiederfinden den ganzen Tag lang und das alles in dem engen hölzernen Schafstall, da ja draußen auf den Koppeln dicker Schnee liegt.

Es gibt wie jeden Wintermorgen zuerst etwas Getreideschrot, dann Maissilage in die Futterbarren, dazu duftendes Heu in die Raufen, für die Lämmer im abgeteilten Schlupfloch etwas Zusatzfutter und viel frisches gelbes Stroh als Einstreu; dann herrscht jene wohlige Ruhe des Fressens und stillen Schmatzens im Stall, die nur der kennt, der mit Tieren wahrhaft zusammenlebt. Es ist ja etwas ganz anderes, ob »man Tiere hat« oder »mit Tieren ist«.

Ein aus dem Nest gefallenes Eichelhäherkind, das von Menschenhand großgezogen wird.

Die Entenmama Quixi, dahinter zwei grüngefleckte Junghühner.

Mit Schafen zu sein ist keine Idylle und nicht nur Freude. Noch heute führt unsere Schafherde ab und zu in einen kleinen Familienstreit. Auch wir hatten uns das seinerzeit nämlich leichter vorgestellt, als wir uns zuerst sieben Heidschnucken aus unserer Heiligenstädter Herde hierher holten und dann fünfunddreißig Waldschafe zugekauft haben. Das war im vergangenen Frühjahr, als es darum ging, ob wir das Lehenbachtal ganz der Waldnatur zurückgeben sollten oder zumindest einen Teil der Wiesen offenhalten wollten. Wir haben uns damals für einen Mittelweg entschlossen: Das Land jenseits des Baches sollte als eine ökologische Zelle der Natur zurückgegeben werden, diesseits dagegen wurden sieben Weidenkoppeln eingezäunt. Weil aber unsere Jungrinder, von denen wir alljährlich ein Dutzend von Heiligenstadt zur Sömmerung hierher holen, zu schwer waren und das schöne Wiesental allzu stark zertrampelten, zogen also die Schafe ins Lehenbachtal ein, wie ja immer mehr Schafe hier in den Waldbergen gehalten werden. Früher, um die Jahrhundertwende, soll es hier zehnmal so viel Schafe gegeben haben. Damals, als noch nicht Kunststoffe den Markt beherrschten, war Schafwolle ein gefragtes Produkt, und noch heute stehen zwei alte Spinnräder im Speicher der Füchslmühle. Jetzt werden die Schafe ihres Fleisches wegen gehalten; hoffentlich setzt sich endlich eine Lammfellmode durch, damit der Pelz seltener Wildtiere verschont bleibt!

Aber was hatten wir das vergangene Jahr über Kummer gehabt, bis wir endlich ein wenig vertraut waren mit der Lebensweise und den Krankheiten unserer Schafe, wie viele Nächte waren zerrissen, wenn wieder eines der halbwüchsigen Lämmer mit dem Kopf im Zaungeflecht steckte und erbärmlich schrie!

Und dann der Kummer mit der gefürchteten »Moderhinke«, jener Klauenkrankheit, die alle Koppelschafe befällt und die Hufe grausam, oft bis aufs blanke Fleisch zerfrißt, ja sogar die ganzen Schühlein hat manches Schaf schon verloren und kniet dann erbärmlich hinter der Herde in der Futterwiese herum. Dann heißt es ohne Ekel ausschneiden und desinfizieren und das, soll eine Herde gesund bleiben, wenigstens alle vier Wochen einmal.

Dann wieder werden Lämmer bei so grimmiger Kälte mitten im Schnee geboren, die wir mitsamt der Mutter in die Schupfen bringen müssen, wo sich oft genug Katzen, Rehkitz und Lämmer gemeinsam unter dem wärmenden Rotlicht zusammenrollen.

Und nicht zuletzt die Umtriebe von der Mühlenkoppel ins Lehenbachtal! Da heißt es auf der Hut sein, daß nicht manchem der frischgepflanzten

Vogelbeerbäumchen oder auch den Rosensträuchern am Gartenzaun im Vorbeigehen die Köpfe abgebissen werden.

An diesem Januarsonntag werden einige der Lämmer markiert; die Mäderl bekommen eine rote und die Buben blaue Ohrmarken. »Das Bockerl ist von der Stiefel-Mami«, sagt Maria und wir schwelgen in Erinnerungen an »das Schaf aller Schafe«. Wir nannten die Stiefel-Mami übrigens ihrer übergroßen Nase wegen respektlos »Madame de Gaulle«! Eines schönen Aprilmorgens brachte dieses Mutterschaf zwei Lämmer zur Welt, von denen es aber nur eines annahm, was ja leider öfter vorkommt. In aller Regel sterben solche Lämmer; auch wir haben schon viele auf diese Art verloren. Aber wer mit Tieren lebt, bringt es eben nicht übers Herz, junges Leben sterben zu sehen. So hatten auch wir plötzlich zwei neue Tierkinder in der Wohnung, das weiße Waldlamm »Stieferl«, nach seinen braunen Beinchen so genannt, und ein schwarzes Heidschnuckenbockerl namens »Knopf«, weil es immer wie ein Knopf aus der Wiese schaute.

Nach Marias Theorie muß man alle Tiere drei Nächte lang mit ins Bett nehmen, will man sie eng an sich binden. An Stieferl wurde dies überzeugend bestätigt: Nicht nur, daß wir drei ruhelose Nächte durchlitten, weil Stieferl alle paar Augenblicke einen anderen Platz im Bett oder sein Flascherl mit süßer Milch haben wollte, vom Gestank des lieben Bettgenossen gar nicht erst zu reden. Noch mehr: Das Lamm bekam eine derart enge Bindung an Maria, daß es ihr zuletzt auf Schritt und Tritt nachfolgte, dabei über Treppen stieg, auf Stühlen stand und selbst im Auto mitgenommen werden wollte, was von Zeit zu Zeit dann auch um des lieben Friedens willen geschah.

Stieferl war bald der Liebling vieler Kinder, die zum Spielen vom Dorf herüberkamen, und oft genug waren die beiden Hunde mit von der Partie, so daß sich ein tobendes Knäuel von braunen, schwarzen und weißen Fellen im Garten herumwälzte.

Allmählich begann Stieferl Gräser und Kräuter zu pflücken, bevorzugt

Hirtentäschel, Gänseblumen und die zierlichen Blütchen vom roten Ruprechtskraut, einem Storchschnabelgewächs, das hinter der Hausmauer wuchert. Es gab weite Ausflüge mit Maria, meist zum Bach hinunter, und wir haben Stieferls Speiseplan aufgezeichnet, haben das erste Wiederkäuen freudig registriert und gütig übersehen, wie die Gartenblumen immer weniger wurden. Stieferl hatte, ähnlich wie später unser Rehkitz »Puppi«, die Angewohnheit, beim Schlafen am Bächlein an Marias Ohrläppchen als Zitzenersatz herumzubeißen, was mit den schärfer werdenden Zähnchen immer unangenehmer wurde. Einmal hat sich Stieferl auch seine Schnuppernase ein wenig verbrannt, weil es neugierig in den noch glimmenden Resten des Lagerfeuers herumwühlte, das zum Schutz der Gänsekinder vor dem roten Fuchs die Nacht über gebrannt hatte.
Stieferls Ende war um so tragischer: An einem Hochsommertag, genau am Ulrichstag, war Maria kurz verreist und ich kam gerade aus Bonn zurück. Mein erster Gang galt wie immer unseren Tieren. Krampus sprang mir entgegen und apportierte freudig und ohne schlechtes Gewissen das tote, mittlerweile halbwüchsige Lamm. Es wird immer ein Rätsel bleiben, woran es starb und wie es in den Zwinger kam.

Das einst vom Aussterben bedrohte europäische Waldrind wird wieder nachgezüchtet. Unser Bild zeigt den auf der Füchslmühle beheimateten Wisentbullen Isidor mit seinem Jungen.

Die Perlmuschel

Wenn sich der Januar zu Ende neigt, kann man den Winter meist schon gar nicht mehr riechen, wenngleich es noch acht bis zehn Wochen dauert, bis er sich aus den Waldbergen zurückziehen wird. Diese Unlust gegen Schnee und Nebelkälte wird durch allerlei Vorahnungen geschürt: Bald sind es die Tannenmeisen oder die Blaumeisen, die mitten aus dem Futtergezänk heraus ein Liebesliedchen anläuten, bald beginnen mitten unter dem Schwarm bunter Bergfinken und Grünlinge ein paar Feldsperlinge sich um ein Weibchen zu raufen, oder es flötet ein blaugraues Kleibermännlein kopfüber am dickborkigen Douglasienstamm herunter und vertreibt den kleinen rindenbraunen Baumläufer, der die Borkenrinde nach Spinnenkokons durchforscht.

Dann gibt es meist ein regnerisches Zwischenspiel, der Lehenbach schwillt an, und die Teiche laufen über. Das ist die Zeit, von der die Volksregel weiß: »Um Fabian, Sebastian fängt schon der Baum zu saften an, und um die Zeit um Pauls Bekehr ist halb der Winter hin und her.«

Es war am Tag von Pauls Bekehr, aber es war halt immer noch tiefer Winter und es gab soviel Schnee, daß wir unseren alten Holzschlitten, den wir vor einiger Zeit in Heilbrunn gekauft hatten, aus der Scheune zogen. Lise, unser liebes, gutes Haflinger Pferd, wieherte vor sich hin, als sie endlich wieder einmal aus dem dunklen Stall in den hellen Wintertag hinaus durfte. Wunderschön, wie sie in ihrem kastanienbraunen Fell glänzte und die lustigen hellen Fransen aus den Augen schüttelte! Wie mager war sie seinerzeit gewesen, als sie vor zwei Jahren am Pfingstmontag hierher zu

Ein Überbleibsel aus einer noch nicht technisierten und umweltfeindlichen Zeit: eines der letzten Mühlenräder.

uns in die Mühle gekommen war! Seither ist Lise einer unserer treuesten Freunde geworden, eine Seele von einem Tier, auf der man ohne Sattel reiten kann und die es duldet, wenn drei Kinder auf einmal auf ihr herumturnen; seither ist es aber auch aus mit mancher Heimlichkeit auf der Koppel, weil sich Lises Kinderfreundlichkeit weit herumgesprochen hat. Im übrigen verbringt Lise die meiste Zeit unter der Schafherde und schläft auch im Schafstall, auch wenn ihr das aufregende Lämmervolk ab und zu lästig unter dem Bauch und zwischen den Füßen herumtollt. Aber Lise hat nie jemandem weh getan.

Unser Schlitten mit dem Haflinger voran und Krampus und Telemann hinterher fuhr das Mühlengeschwell entlang und ins Lehenbachtal hinunter. Plötzlich stand Krampus vor uns. Ein junger Knopfbock lag tot neben dem Bach und der Schnee rundum war rotgefärbt und von Fuchsspuren zertrampelt. Die großen stattlichen Fuchstritte waren wieder darunter. Natürlich hatten ihn nicht die Füchse gerissen, sondern er war sicherlich ein Opfer jener Parasitenerkrankungen, die jetzt immer häufiger vorkommen, seitdem die Jäger die Wildtiere durch übermäßiges Füttern zu einer Art Stallhaltung degradiert haben. Wir jedenfalls füttern nur mit der Säge, indem wir Aspen und Weiden fällen, deren Zweige und Knospen um diese Zeit alles geben, was ein Reh zum Überdauern des Winters nötig hat.

Ein paar Schritte neben dem gerissenen Rehbock hatte das Hochwasser der vergangenen Tage einen kleinen Sandhaufen an Land gespült, aus dem golden und silbern die Glimmerblättchen funkelten. Obenauf lag eine leere Perlmuschel: Tot! Über hundert dieser sagenhaften Wesen hatten wir vor einigen Jahren aus dem Weißen Regen in den Lehenbach verfrachtet, aber die meisten der über ein Jahrhundert alten Tiere hatte seinerzeit eine einzige Gewässervergiftung mit einem sinnlosen Maisspritzmittel an einem Tag vernichtet. Noch heute schaudert mich bei dem Gedanken, was wir in unseren Tagen mit einem Federstrich an Leben wegwischen, das über Jahrtausende gewachsen ist!

Es war ein ereignisreicher Tag. Nicht nur, daß wir im Lauf unserer winterlichen Schlittenfahrt durch den Vogelherd und über Utzenzell erfuhren, daß der alte Brennerwastl, der Nachbar vom Onkelhaus am Hasenbichl im hohen Alter von zweiundneunzig Jahren dahingestorben ist. Auch in unserer Lebensgemeinschaft gab es eine Menge von Vorfällen: Im Wildgehege war erneut der Fuchs eingedrungen und hatte drei Wildenten gestohlen. Wir fanden auch einen der leider viel zu früh zur Welt gekommenen, lustig gestreiften Frischlinge tot unter einer Schneewehe, und die Graugänse hatten Besuch von einer fremden durchziehenden Graugans erhalten, die jedoch in der Abenddämmerung weiterzog. Das Schwarzwild und die Damhirsche traten erregt im Schnee umher, und bei Krampus stellten sich die Nackenhaare, als er die Nase in die Fuchsspur steckte; offenbar war der rote Schelm erst vor kurzem dagewesen. So beschloß ich, wenngleich mit zwiespältigem Herzen, noch am gleichen Abend mit der Quäke loszuziehen und in der Schneenacht die Hasenklage anzustimmen. Statt des Fuchses kamen aber nur zwei liebestolle Hasen, die sich auf einem zertrampelten Erlenschlag herumjagten, daß der Schnee nur so flog.
Die Überraschungen und Ereignisse dieses Tages waren indes noch nicht zu Ende. Als ich vom Fuchspassen zur Mühle heimkehrte, trug Maria unsere zwei patschnassen Katzenkinder, »Faucherl« und »Schlaferl« hießen sie, in der Hand. Wieder einmal waren sie trotz aller Vorsicht mit den Hunden zusammengekommen, was zu einer fürchterlichen Auseinandersetzung im Badezimmer führte, bei der die Katzen in der mit Wasser vollgelaufenen Wanne landeten. »Etwas viel Wichtigeres ist passiert«, strahlte Maria und führte mich zum Hühnerhaus: Erstmals lagen zehn Eier in den Nestern, aus denen wir in den vergangenen Tagen allenfalls drei oder vier hatten ernten können! »Es geht aufwärts«, lachten wir.

Die Mistel

Das Jahr ist gewachsen; Mariä Lichtmeß, der alte heidnische Los- und Lichttag, ist gekommen und es regnet in ganz Deutschland. Das weiß ich deshalb, weil ich gerade über Bonn und Berlin von der »Grünen Woche« in die Mühlenheimat zurückgekehrt bin. Es ist kein gutes Wetterzeichen, meinen die alten Bauernregeln, wenn es an Lichtmeß schon allzu mild ist. Aber es ist eben sehr mild, die Bäche sind angeschwollen und die Schneedecke ist zusammengesackt; es riecht nach Frühling oder vielleicht nach Vorfrühling, aber nicht mehr nach Winter. Der Bisam am Bruckweiherl sitzt über der Einlaufquelle auf einer Eisscholle und frißt die Callawurzeln, die wir im Vorjahr mühsam hier angesiedelt haben. Unter der Brücke spielen die Bachforellen, und sogar die Schleien im Bruckweiherl sind aus ihrem Schlammschlaf aufgewacht. Wir beschließen, daß das Hühnervolk erstmals den Vorraum vor dem Stall verlassen darf, vor dessen Ziegeldach die Eiszapfen tauen. Wie die braunen und weißen Babelkinder und die bunten Italiener, der Zwerghahn und der Weißgockel, die Perlhühner und die Wackelschwanzenten zum Bach hinunterstürmen, lacht ein Grünspecht über uns in der hohen Douglastanne und der Kleiber schimpft wütend vor sich hin, so laut und so ungestüm, daß ihm Maria »Halt doch deinen vorlauten Schnabel!« zuruft, während sie lachend frisches Futter in die Meisensilos einfüllt. Wir genießen wohl eine Stunde lang den Anblick des bunten Hühnervolkes, bis eine plötzliche Unruhe in den Bachfrieden eindringt: Etwas Weißes mit einem schwarzen Punkt am Ende hüpft über die grauen Granitsteine vom einen zum anderen Bachufer und von den Erlenwurzel-

Eine bunte Sommerwiese mit Margeriten, Hahnenfuß und Glockenblumen. Durch den zunehmenden Gebrauch von Herbiziden und den Anbau von Monokulturen wird sie immer mehr aus unserem Landschaftsbild verdrängt.

knollen zum Schilf, von dort wieder auf die Granitsteine zurück, um schließlich unter der Altschneedecke zu verschwinden. Dieser kleine Kobold, ein Hermelin, und sein kleinerer immerbrauner Vetter, ein Mauswiesel, haben uns in diesem Frühling viel Freude gemacht!

Natürlich ist das Vorfrühlingsglück nicht von Dauer geblieben. Trotz eines verirrten Stars, trotz einer winzigen Amselstrophe in der Wetterfichte, trotz der sieben Stare im Schloßpark, trotz eines Stiefmütterchens auf einer aperen Ackerscholle oberhalb des Hammerweihers und obwohl über der Bachmühle bereits fünf Kiebitze gaukelten, war es noch immer Winter; bis zum Fasnachtstag am zweiundzwanzigsten Februar. Da jubelten plötzlich die Lerchen über dem Brandmoos und unsere Hühner legten fortan wenigstens vierzehn, niemals aber dreizehn Eier. Es war Frühling, auch wenn noch immer viel Schnee in den Waldbergen lag! Es war Frühling und aus allen Fensterritzen waren schwarzpunktige Marienkäfer geschlüpft!

In diesen Tagen hatte sich ein stattliches Sperberweibchen endgültig auf der Mühle breitgemacht; allmorgendlich gab es dieselbe Erregung, wenn das wunderschöne, grauweiß gefleckte Tier unter die Horden von Kohl- und Sumpfmeisen, Bergfinken und Sperlingen, Eichelhähern und Amselweibern fuhr und sich holte, was ihm zustand. Wir wären ebensowenig auf den Gedanken gekommen, eine Tannenmeise gegen diese Sperberfrau zu verteidigen wie wir unseren Mäusebussarden auf der Weidekoppel jenseits des Bächleins nicht vergönnt hätten, einmal ein Rebhuhn von der Wildfütterung wegzuholen.

Das Weibchen des großen Buntspechts füttert gerade ein Junges mit Insekten. Der Specht sorgt für die Behausung der Höhlenbrüter, deshalb sollte man auch absterbende Altbäume stehen lassen.

Natürlich schlug der Winter noch einmal zurück, zuerst mit Naßschnee, dann mit Kahlfrost, Schneebrüchen und Eisschäden, von denen auch das Mühlenreich nicht verschont blieb. Eine der wenigen Weißtannen oberhalb der ökologischen Zelle, dort, wo unsere Trinkwasserquelle entspringt, verlor ihren uralten Wipfel, mit dem ein Riesenstrauß gläserner Mistelfrüchte in das Gewirr der Brombeerranken und Holunderbüsche stürzte.

»Von diesem Hexenbesen holen wir uns einen«, meinte Maria, und ich erinnerte mich an allerlei Heilkräfte, die man diesem auf der Rinde von Laub- und Nadelbäumen lebenden Schmarotzer zusprach: So sollen die immergrünen Mistelblätter allerlei blutdrucksenkende Stoffe enthalten, sollen Gelbsucht, Gallenleiden und Zuckerkrankheit ebenso heilen wie sie Schwindelanfälle und Frauenleiden gleichermaßen zu lindern vermögen. »Allen Müttern«, hat Sebastian Kneipp in seinem berühmten Buch geschrieben, »kann ich die Mistel nicht heftig genug ans Herz legen.« Man trinkt Misteltee, der aus trockenen Beeren und Blättern zubereitet wird, ebenso wie man die Mistel mit getrockneter Schafgarbe mischt, um Frostbeulen zu vertreiben oder die Fruchtbarkeit der Milchkühe anzuheben.
Als ich über den Bach sprang, drüberhalb die mit Misteln behangene Tanne stand, verharrte ich eine Weile ob der Vielfalt des Winterlebens, das hier herrschte: Da sprossen Wasserschwaden und Quellmoose, wucherten Leber- und Laubmoose über den aperen Bachrändern und der alte, zu Tode gestürzte Tannenwipfel hing übervoll von Bart-, Schüssel- und Becherflechten. Es gab Brunnlebermoose hier am Bach und Gabelzahnmoose mit goldbraunen Krönchen gleich nebenan auf den Erlenstöcken, es wuchsen Hain- und Bürstenmoos, es gab Gelbflechten auf jedem Stein und Bärlappstränge unter dem Altschnee. Nichts als Leben und immer wieder Leben rundumher!
Wir nahmen Mistelbeeren und Mistelzweige zum Trocknen mit in die Mühle, wie unsere keltischen Vorfahren und deren Priester, die sie als Symbole des werdenden Lichts und der Zuversicht verwendeten.
Zur selben Zeit häuften sich drei weitere Haus- und Heilmittel in unserer Mühle. So hatte ich aus dem Heiligenstädtermoos einen Sack voll Kren- oder Meerrettichwurzeln mitgebracht, deren Heilwirkung für Darm und Blase ebenso berühmt ist wie ihr Vitamin- und Würzreichtum. Schließlich haben wir noch Brombeerwurzeln ausgegraben, die gar üppig entlang dem Mühlengeschwell wuchern, weil sie gemäß alten Erfahrungen jenen unend-

lich guten »russischen Tee« abgeben, der die Nervosität ebenso vertreibt wie Wassersucht oder Schlaflosigkeit.
Indes konnten weder Misteln, noch Holunder, noch Brombeerwurzeln meine Hilflosigkeit heilen, mit der ich vor der einige hundert Jahre alten Tannenkrone stand: Braun war sie und totgefressen lagen die sonst so glänzenden Lacknadeln im Altschnee. Niemand weiß, warum dreiviertel aller Tannen, nachdem sie über Jahrzehntausende, von der Eiszeit bis heute, die mitteleuropäischen Wälder mitgeprägt haben, urplötzlich verschwinden. Wir alle, denen das lebendige Kleid unserer Heimat ein Anliegen ist, müssen diesen Tannentod als eine letzte Konsequenz des weltweiten Umweltmordens deuten, dessen Anfänge auf die Bodenzerstörung und Luftverschmutzung zurückreichen. Wir wissen es nicht genau. Aber wir wissen eines sehr genau: Ohne die Tanne wird es in den Waldbergen nie mehr eine Verurwaldung geben; wir haben das Paradies verloren, als wir den ersten Schmetterling totschlugen.

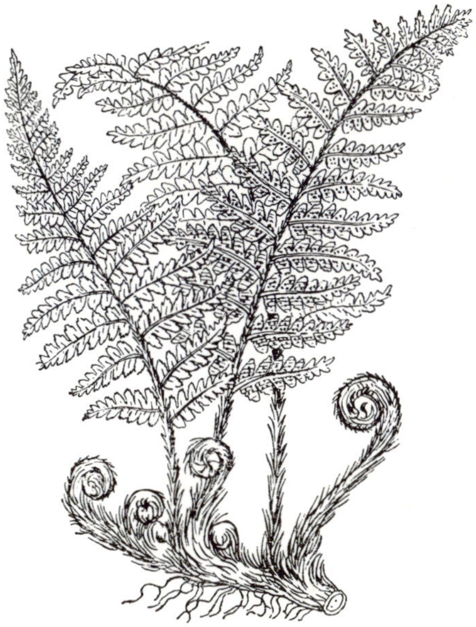

Krebskinder kommen

In die Zeit zwischen Kunigund und Mariä Verkündigung, die Zeit zwischen Winter und Frühling, die Fastenzeit – in sie fallen die aufregendsten Tage hier in der Mühle. Da ist zwar noch Winter, es herrscht große Kälte hier oben in den Wäldern, und oft genug messen wir fünfzehn und mehr Grad unter Null am Morgen.

Eines Tages aber ist es soweit: »Hörst du das Dampfschiff?« ruft Maria, als wir gerade vor den ersten zwei Eiern der Wackelschwanzente im Hühnerstall stehen. Tief und urig, so, als ob in weiter Ferne ein Elefant trompetete, dringt noch einmal das Schiffssignal aus dem Donautal zu uns in den Wald herauf. Wenn man das Dampfschiff hört, kommt der warme Westwind. Am anderen Morgen regnet es, ein lauer Wind nagt an den Eislöchern herum und vergrößert die Wasserflächen in den Teichen. Die Ringeltauben sind wieder da und die Bachstelzen trippeln den Weiherrand entlang; die Lerchen kehren zurück und suchen nach den aperen Stellen in den Feldern. Auf der uralten Silberweide kreischen wie alle Jahre um diese Zeit wieder und wieder die Stare. Die Knospen an den Weiden werden dicker und die Silberkätzchen sind längst aufgeplatzt. Es riecht nach Erde, die ersten Gänseblumen sprießen und unsere Lämmer tollen vor Freude über den nur noch halbverschneiten Hang.

Überglücklich entdecken und belauschen wir in diesen Tagen immer neue Seligkeiten. Wenn die Amsel ihre zaghaften, schüchternen Lieder probt, wenn der Buchfink zu kollern beginnt oder die Goldammer »ich hab dich lieb, lieb, lieb« verkündet. Wir schauen nach den wiedererwachten Eidech-

Der Waldkauz, hier ein noch nicht flugfähiger »Ästling«, hat seine Bruthöhle verlassen. Die Nahrung dieser Waldtiere besteht ausschließlich aus Mäusen.

In den noch intakten Flußauen blüht im Juni der Frauenschuh, dessen prächtige Blüten exotisch anmuten. Diese Pflanze ist vom Aussterben bedroht und steht unter Naturschutz.

sen in der Granitmauer und finden den ersten Huflattich. In der Wetterfichte beginnt die Elster bereits mit dem Nestbau und schäkert von früh bis spät vor sich hin; sie ist hier ebenso geduldet wie das Krähenpaar, das im blauschillernden Frühlingskleid an den Maulwurfhaufen herumstochert. Dafür sind Habicht und Sperber hier, um wieder für Ordnung zu sorgen. Wir haben ein Bussardpaar und zwei Waldkäuze im Mühlenrevier, Fuchs, Marder und streunende Katzen, sie alle werden dazu beitragen, daß keine Tierart überhandnimmt.

»Nur der Kleiber nervt mich heuer«, meint Maria. Es ist tatsächlich kaum noch zu ertragen, denn er hat sich ausgerechnet dieselbe Bretterwand am Pferdestall für seine Bruthöhle ausgesucht, in dessen Ritzen sich bereits der Baumläufer einquartierte. Ein stundenlanger Streit entsteht, der lauthals ausgetragen wird und den die Vielstelzen, die am gleichen Schuppen in den Balken brüten, noch verstärken.

Einen Tag lang war eine wunderschöne rote Gabelweihe im Durchzug hier; vorn auf der Hauptstraße nach Heilbrunn hat ein Auto einen Rehbock im dicken Bastgehörn totgefahren; am Mühlengeschwell sprießen die Knospen der Buschwindröschen aus dem alten Erlenlaub hervor; Maria wird beim Wäscheaufhängen von der ersten Biene gestochen – alles Ereignisse einer ganz großen Welt! Das Zaunkönigpaar neben dem Treibhaus, die Kiebitze auf der Schafweide und der knicksende Neuankömmling, unser Gartenrotschwanz, sie alle gehören in diese Welt.

Am Josefitag finden wir die ersten Wildenteneier am Mühlengeschwell, somit höchste Zeit, an die Fische zu denken! Im Bruckweiher und im Neumühlenteich, im Tiefen Behälter und in den Mathisweihern warten die Laichkarpfen und die Laichschleien aufs Versetzen, und wenn erst die Eisflächen ganz abgeschmolzen sind, heißt es, Tausende von Karpfen- und Schleienkindern in die Abwachsteiche bringen, muß die junge Hechtbrut und müssen die halbwüchsigen Karpfen ins Gewässer. Nicht zuletzt gehören reichlich Futterfische in die für Graureiher, Eisvogel und Haubentaucher bestimmten Teiche; wir müssen Forellen im Lehenbach nachsetzen und in den Becken vorm Haus warten schon fünfhundert winzige Flußkrebskinder auf ihre neue Heimat.

Sorgsam setzen wir die markstückgroßen Kerle unter die Granitfelsen in die honiggelben Sandbette und in die Flachwasserzonen am Jagersbauerweiher. Hoffentlich werden sie nicht dasselbe Schicksal wie unsere Perlmuscheln erleiden! Aber in diesen Frühlingstagen ist eben jedes Herz voll Hoffnung. Vielleicht wird eines Tages der Fischotter zurückkehren und einen leckeren Krebs aus dem Lehenbach angeln.

Braunbabel und Salbeitee

Am Karfreitag, das Jahr war weit vorangeschritten, die Fitise lärmten ihr »Ziegelzip« und »Ziegelzalp« in den halboffenen Erlenstauden und die Buschwindröschen waren fast verblüht, da geschah in der Füchslmühle ein großes Ereignis. Eigentlich war dieser Karfreitag sogar in vielfacher Hinsicht voller Ereignisse, denn die ersten Schwalben trafen ein, das Blaukehlchen sang im Schilf, Krampus brachte die frischerwachte Igelin ins Haus und Telemann hatte seinen ersten Zeck im Pelz. Das Hermelin am Bach war wieder braun gefärbt, der Karpfen Sebastian fraß erstmals Getreideschrot und Brotstücke, und in den Fichten unterhalb des neuerbauten Hühnerhauses jubelte ein Zaunkönig.

Ja, und im Hühnerhaus selbst hielten sechzehn weiße und braune Hühner und ein bunter Gockel Einzug! Am Ostersonntag lag bereits ein zwölffaches Eierwunder in den nagelneuen Nestern. Damit war ein Hühnerhof begründet, der uns nun Tag für Tag beschäftigt und beglückt. Seither wandern die kleinen Eierkörbchen zu Tauschgeschäften aus der Füchslmühle hin und her.

Sehr bald kamen junge Italiener, dann ein weißer Gockel, dann ein Zwerggockel, dann wieder schwarze und zuletzt gesperberte Hühner hinzu, die allesamt ihre Namen erhielten: Graberl und Braunbabel, Negerbabel, Zwergerl oder Weiße. Als schließlich die haselhahnfarbene Zwerghenne drei silbergraue und zwei schwarze Kinder hochbrachte und ich wieder einmal zum Markt fuhr, bat mich Maria besorgt, doch kein weiteres »Kleinkind« mit nach Hause zu bringen. Ich versprach es nur halbherzig und brachte drei Perlhühner mit.

Seitdem sieht unser Hühnerhof noch bunter aus, dafür ist es auch zweifellos etwas lauter geworden, da rundherum Hähne kreischen und Leghennen gackern, Junghennen gacksen und Bruthühner locken. Von den Perlhühnern will ich wenig erzählen, weil sie Anlaß zu regelmäßigen Streitereien geworden sind. Jedenfalls vertrete ich nach wie vor die Meinung, daß sie Ratten, Iltis, Fuchs und Habicht durch ihr Geschrei ferngehalten haben und das ist schließlich auch etwas. Tatsächlich haben wir trotz den vielen hier lebenden Geflügelliebhabern immer Glück gehabt: Eine Italienerhenne hat der große rote Fuchs gestohlen, ein schwarzes Zwergerl ist im Callateich ertrunken, und der Riesenhabicht, der immer vom Vogelherd herunterkommt, hat bisher allenfalls ein weißes Leghuhn gestohlen, allerdings ein sehr gutes. Einmal, kurz vor Weihnachten, als wir das Federvieh nochmals aus dem Winterstall in die aperen Winterwiesen hinausließen, saß der gefleckte Greifvogel urplötzlich auf der Holzhütte, unter der sich wilde Fasane und Haushühner regelmäßig in Eintracht zum Körnerpicken treffen; aber es gelang ihm weder ein Huhn noch einen Fasanengockel, einen Eichelhäher oder eine Elster dort zu greifen. Als ich an die Fensterscheibe meines Arbeitszimmers klopfte, flog der wunderschöne Waldvogel doch geradewegs auf die rote Glaskuppel zu, welche zur Greifvogelabwehr im Hühnerhof aufgestellt war, und ließ sich auf den Gartenzaun nieder.

Sperber und Habicht hatten übrigens nie Respekt vor unseren Abwehrmaßnahmen, und so ist trotz aller Bruterfolge unserer braunen und schwarzen Tauben unser wunderschöner Taubenschlag oberhalb des Pferdestalls nie über ein Dutzend Bewohner hinausgekommen. Obwohl doch Hunderte von Wildtauben rundum in den Fichten übernachten und in den Eichen einfallen, immer wieder waren unsere Haustauben die begehrtere Beute unserer gefiederten Raubritter. Wir sahen übrigens großzügig darüber hinweg, wenn ab und zu eine der ziemlich langweilig braungefärbten Bauerntauben fehlte, aber der Verlust des schwarzen Apollo, der morgens

Wo Teichfrösche leben und weiße Seerosen blühen, Stockenten und Bläßhühner noch nach Beute gründeln können und die scheue Wasserralle nistet, dort ist die Lebensgemeinschaft des Teiches noch in Ordnung.

immer so zutraulich vor unserem Schlafzimmer gurrte, traf uns schwer. Schwer hatten es in diesen Frühsommertagen auch unsere Hunde, weil sie sich alle paar Tage an neue Hausgenossen gewöhnen mußten. Bald hieß es hier »Pfui ist das!«, bald mußte man sich dort »Das gehört sich nicht!« nachschreien lassen. Mit Ausnahme eines jungen Täubleins, das am Morgen des Antoniustages versehentlich dem Telemann buchstäblich ins Maul gerannt war, haben unsere Hunde aber dem Federvieh nie etwas zuleide getan, wenngleich sie selbst von Hühnern, Gänsen und Enten zur rechten Zeit tyrannisiert wurden. Oft genug mußte sich der gute Krampus heimlich in eine Hecke zurückziehen, um seine Lieblingsknochen vor den frechen Braunbabeln zu verstecken; denn wenn er die Biester anknurrte, kümmerte die das reichlich wenig. Wie unsere Hunde ja überhaupt ein sehr schweres Leben zu ertragen hatten und wir uns oft wunderten, wie sie das alles so ganz ohne psychische Schäden bisher überstehen konnten! Gerade in diesem Hühnerhofsommer hatte Fraule doch tatsächlich einen Jungfuchs, die zwei Katzenbuben Faucherl und Schlaferl, das Rehkitz Puppi und zwei Lämmer aufgezogen und keinem durfte man auch nur ein Haar krümmen. Gott sei Dank wurde der weniger wohlriechende Jungfuchs nach sieben Wochen heimlich hinterm Haus zwischen Mädesüß und Kratzdisteln ausgesetzt und in die ökologische Zelle entlassen. Niemand verstand es anfangs, aber mit dem Rehkitz, mit den Katzen und den Lämmern mußte man als edler Jagdhund oft genug den Platz im Auto teilen, wenn am Wochenende von der Mühle nach Heiligenstadt gefahren wurde: Ein hartes Hundeleben!

Aus dem »Seewiesener Nachlaß« von Konrad Lorenz stammen diese Graugänse. Die einst in Europa beheimatete Art hat durch langjährige Zucht auch in unseren Breitengraden wieder Verbreitung gefunden.

Umgekehrt haben unsere Haustiere allerlei Gefahren für andere Mitglieder unserer Lebensgemeinschaft nach sich gezogen. So brachten nicht nur die Katzen ab und zu einen noch zappelnden Zauneidechsenschwanz im Maul daher, auch die immer gefräßigen und alles zerpickenden Babelschnäbel bringen Dauergefahren für Blindschleichenkinder und Weinbergschnekken, und mehrmals mußten wir das gierige Volk von unserem orange-

gefleckten Feuersalamander fernhalten, wenn er zur sommerschwülen Zeit der Heuernte am Rand des Callateiches behäbig dahinkrabbelte.
Federvieh sollte jeder halten, der auch nur ein paar Quadratmeter Raum sein eigen nennt. Glücklich wird er damit ebenso, wie er die Bindungen zum Lebendigen behält und obendrein seinen Spaß an der Selbstversorgung mit natürlicher Nahrung bekommt.
Dies gilt auch für die Haus- und Wurzgärten. Es ist ein Ausdruck unserer maßlosen Luxusgesellschaft, die sich zwar üppige Ziergärten mit sündteuren Teppichrasen leistet, aber Obstbäume und Zwiebelbeete, den Liebstöckelstrauch und das Gurkenkraut, Kohlköpfe, Tomatensträucher oder Bohnengerank als unfeine Gewächse vor die Tür wirft. Wir hier in der Füchslmühle sind stolz auf unsere Schnittlauchstöcke, auf die ersten Tomaten, den Dill zum Fischsud und auf jede selbstgezogene Salatstaude. Und wir wollen diesen Nutzgarten noch um einiges anreichern. Die Moorerde aus dem Brandmoos und der Kompost hinterm Haus helfen dabei ebenso mit wie unsere schätzungsweise sieben Millionen Regenwürmer und einige Milliarden Gliederfüßer sowie die zahlreichen Collembolen, auf deren Vorhandensein wir stolz sind, da hier in der Mühle natürlich alles Giftige als eine Sünde wider den Geist empfunden wird! »Wenigstens die Rosen«, meinte Maria ab und zu flehentlich, »könnten wir doch gegen Blattläuse spritzen!« Wir einigten uns wiederum zugunsten der Natur; seither haben wir prächtige Rosen – mit Blattläusen.
Noch viel aufregender als alle Gartengewächse finde ich den Heilkräuter- und Gesundheitsflor, der noch immer rund um uns gedeiht und der uns alle chemische Pharmazie entbehren lassen könnte, wenn wir nur ein wenig noch Bescheid wüßten über die Urkräfte, die im Lebendigen rundum schlummern. Weit über hundert Pflanzen sind mir im Lauf der Jahre rund um die Füchslmühle bekannt geworden, deren Blüten, Blätter, Wurzeln, Beeren, Früchte, Rinden und Säfte voll Heilkraft stecken; drei unter ihnen haben mich besonders angezogen: Salbei, Arnika und Eberesche.

Drunten an der Donau blüht der Salbei viel eher und üppiger an den kalkreichen Bahndämmen und Wegrändern als hier oben in den sauren Waldbergen,wo man ihm allerdings mit ein paar Händen voll Kalk das Leben schnell erleichtern kann. In der Zeit der ersten Gewitter, wenn Schwirle und Rohrsänger zurückgekehrt und die ersten Froschkonzerte im Gange sind, wenn das Heuwetter naht und die Kamille duftet, dann ist es auch hohe Zeit, die kampferartigen, rauhhaarigen Balsamblätter zu sammeln, noch ehe die blauen Quirle mit den Blütenlippen voll erblüht sind. Salvia, der »Heilsame«, ist seit Jahrhunderten als blutreinigende Teemischung berühmt, der Entzündungen des Magens und Darms ebenso heilt wie er Rachenkatarrh und Rheumaleiden zu mildern imstande ist. Salbeiblätter trocknet man im Halbschatten, um die Wirkstoffe zu konservieren. Setzt man sie in Rotwein oder Alkohol an, können Wunden und Geschwüre geheilt oder Zahnfleischbluten gestillt werden. Salbeiblättertee fördert die Verdauung und lindert den Husten.

»Warum kann man dann überhaupt sterben«, hat mich einmal ein spöttelnder Mühlenbesucher gefragt, »wo doch so viele Salbeiblätterbündel hier zum Trocknen aufgehängt sind?« Ich verwies auf ein Buch aus der Schule von Salerno, das in unserer Bibliothek steht und in dem es heißt: »Contra vim mortis non est herba in hortis« – gegen den Tod ist kein Kraut gewachsen! Leider aber haben die Menschen heute eine Unzahl von Giftstoffen entwickelt und auf den Markt gebracht, mit denen man Pflanzenleben schnell vernichten kann. Ich habe über dreißig Präparate in den bunten Prospekten offeriert gefunden, die den sicheren Salbei-Tod anpreisen.

Gegen Arnika, meinen zweiten Pflanzenliebling, gibt es deshalb wenig Gifte, weil es sich nicht mehr lohnt, ihn zu bekämpfen; Arnika ist fast ausgerottet. Arnika hat vielerlei Namen im Volksmund erhalten, alle voll Verehrung und Bewunderung wie: Engelkraut und Marienkraut, Mutterwurze und Sternblume – oder einfach »Wundkraut«, wie die gelbe Sommer-

blume hier im Wald genannt wurde. Zwischen dem Mühlengeschwell und dem Soldatenfeld, am Rand vom Brandmoos, unterhalb vom Onkelhaus am Hasenbichl und am Büscherl droben blüht sie, die Arnika, und sie blüht dann, wenn der Johannistag mit all seiner Melancholie im Mühlenreich einzieht,wenn der Feldschwirl hinter unserer Scheune schon um drei Uhr früh zu schnarren anfängt und die Rotschwanzkinder und die Baumläuferjungen bereits als Ästlinge in der alten Moorbirke sitzen.
»Die Tinktur von Arnika«, schreibt Pfarrer Sebastian Kneipp, »halte ich für das erste Heilmittel bei allen Verwundungen.« Arnikatinktur und Arnikageist, zum Einreiben, zum Trinken oder als Tee, soll man immer für Mensch und Vieh bereit haben. Und wer Arnika selbst sammelt und zu einem entsprechenden Heilmittel aufbereitet, bei dem wirkt die Heilkraft dieser Pflanze doppelt.
Die Eberesche ist mein dritter Liebling. Maria und ich haben heuer wieder weit über tausend Stück des Vogelbeerbaumes rund um die Mühle, entlang der Pferdekoppel und in die Forstkulturen gepflanzt, dazu siebenhundert Wildkirschen, ebensoviel Salweiden und zweitausend Schlehen-, Holunder- und Brombeerbüsche; »lauter unproduktives Zeug« hat uns ein sehr erfolgreicher Forstmann gesagt.
Wir sammeln die gegen Magen- und Lungenentzündung ebenso wie gegen Bronchitis und Harnbeschwerden bewährte Vogelbeere aber nicht nur für uns selbst, sondern eben für unsere gefiederten Freunde. In der Pferdescheune getrocknete Vogelbeertrauben haben manchen Amseln und Wacholderdrosseln den Übergang vom Winter in den Frühling erleichtert und unsere Rotkehlchen knabbern ebenso gern daran wie Dompfaff und zu früh erwachte Haselmäuse. Am Ebereschenkompott dürfen sich auch Zukkerkranke sattessen; der altgermanische Heilbaum war dem Donnergott geweiht. Hoffentlich schützt Donar uns dafür auch vor allzu heftigen Blitzschlägen, die in unserer Mühle leider viel zu oft zur schrecklichen Wirklichkeit werden.

Spät im Frühling kommt der Kuckuck aus Afrika zurück; zur Sommersonnenwende tritt er seinen Rückflug wieder an. Unser Bild zeigt einen Jungkuckuck.

Der Karpfen Sebastian

Der Karpfen Sebastian ist übrigens ein altes Fischweib, ein Rogner von gut dreißig Pfund, und legt alljährlich seine halbe Million Eier. Nur wird allenfalls in fünf Jahren einmal eine rechte Brut daraus, weil es zu kalt ist hier oben im Wald; deshalb wurden seit Jahrhunderten Satzfische aus dem warmen Franken oder der tiefergelegenen Oberpfalz zugekauft. Auch wir haben eine Anzahl unserer Laicher, Karpfen und Schleien nach Heiligenstadt gebracht, wo sie im warmen Flachwasser der Deisenhofener Sandgrube schon im April wie wild ihre Laichspiele anfangen und dann zu Abertausenden zwischen Wasserhahnenfuß und Rohrkolbenstengeln heranwachsen. Im Herbst oder Frühjahr wird das junge Fischleben dann wieder in die Waldteiche zurückgebracht. So tauschen wir nicht nur unser Muttervieh und lassen die Heiligenstädter Kalbinnen vor dem Kinderkriegen in der gesündesten Welt der Kräuter- und Blumenwiesen aufwachsen, sondern es hat sich diese Anpassung an die lebensfreundlichere Umwelt auch mit unseren Fischen gut eingespielt.

Sebastian allerdings ist für derartige Reisen zu alt geworden und lebt seit Jahren bei den Graugänsen im Bruckweiherl, wo man ihn bei klarem Wasser von meinem Arbeitszimmer aus gut beobachten kann; im Frühjahr und im Herbst zumal, wenn die Planktontrübe gewichen und der Teich leergefressen ist.

Die Fischfrau Sebastian hatte auch einen Mann namens Kasimir, etwas kleiner als sie und besonders schön silbrig geschuppt. Er allerdings ist damals, am Karfreitag, als der Bisam den Weiherdamm durchwühlt hatte,

Roter Mohn im Getreidefeld: für die einen Sinnbild hochsommerlicher Lebenslust, für die anderen Anlaß zum Einsatz giftiger Chemiespritzen.

den Lehenbach hinunter und in den Neuweiher geflohen, wo er bis heute alle Fischerherzen in Erregung versetzt, wenn er an schönen Juniabenden seinen massigen Körper im Wasser herumwirft. Gefangen ist er bis heute gottlob nicht geworden.

Der Bisam trug, wie gesagt, die Schuld daran, daß Sebastian seinerzeit den Kasimir verlor. So ist es hier immer wieder einmal der Bisam: Will man sich im Herbst vorsichtig an einen Erpel heranschleichen, plumps fällst du in ein Bisamloch und der ganze Entenzauber klingelt in die Luft. Dann wieder kommt ein Telefonanruf: »Der Schützweiher ist leer!« oder: »Der Damm am Jagerbauernweiher rinnt!« – wieder waren Bisamtiere am Werk. Und dennoch lieben wir diese goldbraunen, possierlichen Wasserkobolde so sehr, daß wir uns dieses Frühjahr sogar entschlossen haben, keine mehr totzuschießen, nachdem die staatlichen Bisamfänger mit ihrer Fallenschinderei ohnedies soviel Unheil anrichten, wenn sie ausgerechnet zur Vogelbrutzeit an den Bächen und Teichrändern herumhantieren. Neulich wären Krampus und Telemann beinahe in ein solches Mordeisen geraten, hätte ich sie nicht noch schnell »down« gepfiffen. Dabei gehört die Bisamjagd mit zum Aufregendsten, was sich ein Jäger denken kann: Wenn im milden Dämmerlicht eines Aprilabends ein silbriger Wasserstrich den Schilfrand entlangzieht, blitzschnell auf jede falsche Bewegung reagiert und im Nichts verschwindet, oder wenn der zitternde Krampus den wunderschönen Balg apportiert und für eine kurze Weile der Lärm der aufpolternden Enten den Abendfrieden zerreißt. Für mich ist der »Bisamstrich« ebenso aufregend wie für andere das kaum Abwartenkönnen, bis an Okuli die Schnepfen ankommen und die Himmelsziegen über dem Hammerweihermoor meckern, die Fitise in den Weidenbüschen lärmen und die Kiebitze jammern. Und wenn die ersten Froschkonzerte anheben, dann riecht es nach ungebändigter Frühlingslust hier an den Teichen!

Maria balgt die Bisamfelle immer sorgsam ab, und im Herbst werden sie zur Gerberei nach Pförring an der Donau gebracht. Das gibt wunder-

mit vorausgegangenem Kummer versöhnt. Und nicht minder ist das Glück, wenn man an warmen Sommertagen selbst mitten im Teich steht und die halbwüchsigen Karpfen einem wie ungezogene Schulbuben im Pausehof zwischen den Füßen herumtollen und man sie in dem braunen Wasser springen sieht. Freilich, wenn dann so wie im Vorjahr im Juli eine Hitzewelle ins Land zieht, wenn alle Bächlein versiegen und sogar die Brandmoosquellen dünn werden und auch kein Belüftungsgerät mehr weiterhilft, stehen wir angstvoll mit dem Thermometer am Wasser: »Siebenundzwanzig Grad!« Am anderen Morgen, am dritten August, gab es wieder silberweiße tote Bäuche. »Ich träume nur noch von sterbenden Forellenkindern«, jammerte Maria. Einige Zentner haben wir den Wildschweinen verfüttert, ehe alles in bestialischen Gestank überging.

Nur die Reiher und der Eisvogel hatten ihre helle Freude an dem einfachen Beutemachen. Dabei ist uns der Graureiher, offengestanden – und ich trage da ja eine Doppelseele, eine Fischerseele und eine schützende in mir herum –, dabei ist uns wie gesagt der Fischreiher mit Ausnahme an einem Zuchtteich nie sehr gefährlich geworden. Heute, nachdem wir diesen stolzen und verfolgten Glücksbringern ein wenig Raum gelassen haben, sind sie zahm und zahlreich geworden. Zwei Jahre hat es gedauert, bis der erste so zutraulich war, daß er kurz vor Weihnachten am Steg vor dem Haus Forellen zu stehlen begann; dann holte er einen kleinen Karpfen aus der Hälterung und schließlich kamen sie jeden Abend zum Schlafen hierher ins Mühlenreich. Damals, vor ein paar Jahren, waren vier oder fünf Reiher da, dann, vor zwei Jahren ein Dutzend. Heuer standen oft über zwanzig Stück auf den Mathisweiherfichten, wenn wir vom Juni zum August dreimal die Woche Getreideschrot oder Brauhaustreber an die hungrigen Fischmäuler verfütterten. Und dennoch leben die Reiher dort überwiegend von den zu Abertausenden von uns hier angesiedelten Stichlingen, und nicht selten steht ein Reiher wie ein vergessener Weidezaunpfosten vor einem Feldmausloch. Am allerliebsten waten unsere grauen Freunde in den

Greifvögel regulieren die Lebensgemeinschaft in der Natur. Einer davon ist der Sperber, der sich im Mühlenrevier als Dauergast niedergelassen hat.

Seggen herum, wo es vor Kaulquappen und Jungfröschen nur so wurlt. Gerade deshalb brauchen wir an unseren Teichen ein wenig Wildnis, und nichts wäre tödlicher als mit Planierraupen das Teichleben zu entschlammen, wie es das Ministerium mit seinen lockenden Geldangeboten gern sehen möchte. Aber alles, was wir hier an »Fischproduktion steigern« könnten, wie sie sagen, die Herren Naturvermarkter, alles das ginge auf Kosten der Lebensvielfalt, auf Kosten von Feuersalamander, Bekassinen und Sumpfschwertlilien.

Wieder wird die Zeit um Kirchweih kommen, zu der sich der Wald bunt färbt und im Hammerweihermoor die ersten Nebel liegen. Dann werden wir Holzzuber und Netze, Nachen und Sauerstoffgerät für die Zeit des großen Abfischens vorbereiten und die Gitter an den Mönchen reparieren. Und wenn die Weiher sinken, werden wieder die Reiher- und Entenscharen als Schlachtenbummler an den üppigen Rändern ernten und die Hunde ab und zu einen Bisam fangen. An solchen Abfischtagen kann man mich heimlich hinter unseren Fischern nacharbeiten sehen, da mich das große Sterben der Abertausende von Barschen und Weißfischen an den Teichrändern schmerzt, auch wenn schon Reiher und Krähe auf den Tag gewartet haben. Wenigstens ein paar Eimer voll Barsche, Spitzschlamm- und Posthornschnecken, Teichmuscheln oder Taumelkäfer rette ich dann aus diesem Schlamminferno und bringe sie ins Bruckweiherl zum Sebastian.

Nur am Bruckweiherl, wo Sebastian lebt, bleibt der Dauerfriede erhalten, denn schließlich liegt der Teich ja im Burgfrieden. Der Eisvogel, der zu jeder Stunde mit seinem fröhlichen Pfiff vor unserer Haustür auftaucht, ist unser allergrößtes Glück und ist Entgelt für manche Mühe, die plötzlich so bedeutungslos wird. Von einem so großen alten Karpfen geht unendlich viel Ruhe und Gelassenheit aus!

Helga und Quixi

Tante Quixis Geschichte begann eigentlich schon an Pfingsten vergangenen Jahres, als wir neun Wackelschwanzenten und fünf Stockenten im Wildpark freiließen und damit die ansässigen Gänse, Enten und Teichhühner zu regelrechten »Kragenspielen«, wie wir das nannten, herausforderten: Wo immer die Warzenköpfe unserer Wackelschwanzenten auftauchten, streckte das übrige Federwild seine Krägen neugierig aus dem Gras.
Im darauffolgenden Winter sind vier der Enten vom großen roten Fuchs geholt worden, nachdem ein böser Mensch drei Löcher in den Zaun geschnitten hatte. Aber unter den fünf überlebenden war die Entin Quixi, deren tragische Geschichte in unserem Tagebuch zwischen dem zweiten April und dem neunten Oktober so verzeichnet ist:
Am zweiten April, Palmsonntag: Quixi sitzt stolz auf ihren elf Eiern und kriecht fortan nur noch einmal am Tag unter dem Hühnerstall hervor, um sich im Bruckweiherl kurz zu putzen; dann schlingt sie Unmengen von Gerstenkörnern oder alte Brotstücke hinunter, läßt einen riesigen Kothaufen sitzen und verschwindet wieder in dem geheimnisvollen Loch unterm Hühnerstall.
Am siebten April, Karfreitag: Soviel Neuschnee fällt über den Wäldern, wie es ihn den ganzen Winter über in diesen Mengen nicht gegeben hat. Bis auf minus sieben Grad sinkt das Thermometer ab, und Amseln, Rotkehlchen, Heckenbraunelle und Bachstelzen kommen mit eingezogenen Köpfen in die Vogelschütte beim Hühnerhaus, um sich mit Haferflocken

und Rinderfett fortzubringen. Tante Quixi bleibt von all dem unberührt; Tag und Nacht verbringt sie unter dem Hühnerhaus und kriecht immer dürrer und einseitiger gekrümmt wieder aus der Bruthöhle heraus.
Am zehnten Mai, dem Namenstag des heiligen Antonius: Eine jähe Wende tritt ein. Mit einem Flugzeug aus Hamburg kommt eine Kiste an, in der achtzehn Grauganskücken »wi-wi-wi-wi« weinen, womit sich vieles im Mühlenlebenslauf veränderte. Maria, die allen Brennesseln lieber aus dem Weg geht, muß jetzt junges Brennesselgemüse mit hartgekochten Hühnereiern zerhacken. Darüber hinaus müssen wir jede freie Minute am Weiher oder am Bach verbringen, um inmitten einer gelben Gänsekinderschar Freudenschreie und Kummerlieder entgegenzunehmen. In wenigen Tagen sind Maria und ich als Ersatzgänse akzeptiert, und oft genug liegen wir neben der Granitmauer am Garten oder unter Baldrianstauden am Lehenbach und die Gänslein klettern uns über Bauch und Rücken, bald an den Hosenknöpfen, bald an Ohren oder Nase herumknabbernd und immer ein »ba-ba-ba«-Geschichterl vor sich hinerzählend. Sechs Gänsekinder sind uns leider an einer Viruskrankheit dahingestorben und zwei müssen wir wegen unheilbarer Fußschäden töten. Jedesmal meinen wir dabei, nie wieder Grauganskinder haben zu wollen.
Christi Himmelfahrt: Endlich verläßt Quixi ihr Nestgeheimnis und beschließt, die zehn Grauganskinder zu adoptieren in dem offensichtlichen Wahn, sie selbst hätte diese Riesenenten ausgebrütet. Wir graben ihre Eier unter dem Stall hervor – sie sind tot, stinkig und offenbar damals im Spätfrost erfroren. Quixi beginnt nun in den süßesten Tönen wie eine Entenmutter zu singen und zu locken, sie will die Gänsekinder lehren, wie man Wasserlinsen taucht oder frische Kräutlein und Gräser zupft – umsonst: Unsere Gänsekinder bleiben einfach eiskalt und sachlich, wie es Kindern eben eigen ist, und sie jammern mit immer heftigerem »wi-wi-wi-wi«, ihre Geschichte, die etwa so heißt: »Ha-baba – du bist ja nicht unsere Mami, ha-ba-ba!«

Der Wechsel von Wäldern und Ackerfluren mit Feldgehölzen und Obstgärten, Bachläufen und Wegrainen prägt die vielfältige Landschaft der Mittelgebirge.

Granitfelsen, Teiche und Waldberge prägen das Bild des Vorwaldes.

Unser kleines, geliebtes Käterlein, das sich so gern unter die Bettdecke geschmiegt hat und mir stundenlang am Schreibtisch Gesellschaft leistete, hat die Ankunft der Gänsekinder leider nicht mehr erlebt; ein Auto hat es totgefahren und damit viel Liebe und Glück vernichtet. Um so sorgsamer wurde sein Brüderlein Fauchi jetzt umhegt. Aber wer kann schon so ein eigenwilliges Katzenleben bewachen, das heute zu der weißen Nachbarkätzin nach Lehenbach muß und morgen vielleicht wiederkommt oder nicht. Fauchi hat sich natürlich sofort stark für die Grauganskücken interessiert, aber schon bei dessen ersten Anschleichversuchen ist Quixi »ihren« Kindern zu Hilfe geeilt und hat den Kater mit ihren steifen Flügelfedern und dem harten Warzenschnabel ordentlich verprügelt. Dies alles half ihr jedoch nichts. Die Gänse wollten Quixi einfach nicht anerkennen, ja noch mehr, sie fürchteten sich so sehr vor ihr, daß sie sofort aus dem Teich schwammen und flehentlich zu uns kamen, sobald Quixi erschien. Nach zwei Wochen, so gegen Pfingsten hin, gab Quixi auf und verschwand wieder auffallend oft unterm Hühnerhaus. Unsere Gänsekinder aber wuchsen so schnell heran, wie eben junges Leben heranwächst. Tag für Tag beobachteten wir Neues und Wundersames, das uns immer wieder in Staunen versetzte. Es war eine herrliche Gänsezeit, wenn wir zwischen Lichtnelken und Brennesseln lagen und den jungen Tannenmeisen zusahen, die aus dem Loch in der Granitmauer schlüpften, in der auch Eidechsen und Ringelnattern hausten. Die Hunde balgten sich im jungen Gras vor Maienglück, Lämmer schrien, Rotschwanzkinder bettelten, und auch im Taubenkobel waren drei Eier aufgesprungen. Es gab Forellenkinder im Bach und Rehkitze in den Moorwiesen, der Kuckuck schrie zum erstenmal wie verrückt in den Linden oberhalb der Mühle, und auf Marias Holzkrücke, mit der sie seit ein paar Tagen humpeln mußte, weil sie vor lauter Schauen über die Mühlentreppe gefallen war, auf der Holzkrücke also saß – ein kastanienbrauner Maikäfer! Nur Fauchi, der Kater, klagte über all den Psychoterror, den wir ihm zufügten: Die Kohlmeisenkinder vor dem Küchenfenster, die

Als Vertilger von Insekten, Schnecken und Mäusen sorgen die Blindschleichen für einen natürlichen Ablauf im Naturhaushalt.

In der Granitmauer der Füchslmühle nisten die flinken Eidechsen, deren Nahrung aus Insekten besteht.

jungen Singdrosseln unterm Kirschbaum – nichts durfte man fressen –, und die meiste Zeit mußte man ausgesperrt in der dunklen Scheune zubringen, während Dutzende von Vogelnestern auszunehmen gewesen wären!
Die zehn verbliebenen Graugänse waren fast erwachsen. Die größte hieß, wie der seinerzeit entflogene Gänserich, wieder Konrad, und die watschelbeinige Nachzüglerin trug den Namen Helga; sie blieb die anschmiegsamste und wehleidigste, hat aber das ganze Gänsevolk am meisten terrorisiert und stets ihren Willen durchgesetzt. Helga hat uns fortan viel Freude mit ihren »Geschichterln« bereitet, die sie auf den »ba-ba-ba«-Ruf hin immer bereitwillig erzählte. Insbesondere morgens beim Aufstehen gab es viele Träume und Pläne für den kommenden Tag hinauszuschreien.
Herrliche Gänsestunden gab es auch in der Zeit zwischen der Baldrianblüte und dem Johanniskraut, wenn wir den Kuckuck über uns in den Erlen belauschten und dem Lied des Braunkehlchens bei den Kratzdisteln zuhörten. Die Gänsewiese wechselte in dieser Zeit mehrfach ihre Farben: erst war sie löwenzahngelb, dann lichtblau von Wiesenschaumkraut, rötlich mengten sich Knöterich, schwarze Teufelskralle und braune Wiesenknöpfe dazwischen, bis millionfach der Hahnenfuß aufblühte und Gelb wieder dominierte. Am Wegrand standen Thymian und lichtblauer Ehrenpreis; goldgelber Wachtelweizen, kleine Läusekräuter und Prunellen, Sumpfziest und silberblättriges Fingerkraut wucherten rund um unsere Gänsespielplätze. Es war eine duftende Welt aus Klappertopf und Kronwicken, gelbem und rotem Beinwell und viel honigsüßem Steinklee, dessen Blattspitzen die Gänsekinder besonders gern fraßen. Auch Vogelwicke und Frauenflachs, eigentlich alles, was eßbar erschien, wurde angeknabbert, so daß wir bald um manche schöne Engelwurz oder um die gefleckten Mannsknabenkräuter besorgt waren, die wir schließlich ebenso wie die Sterndolden, die Königskerzen, die wenigen Trollblumen und wie unsere jungen Kirsch- und Vogelbeerbäume mit Drahthosen vor dem Gänseverbiß schützen mußten.

Auch Baldrian, Johanniskraut sowie die duftende Kamille müssen vor unseren Tieren und vor den Mähmessern gerettet werden. Aus den Wurzeln des Baldrian lassen sich Öl und Tee zubereiten, womit so manche Unruhe bei Mensch und Tier beseitigt werden kann. Vor dem ersten großen Sommergewitter heißt es schnell die frischerblühten Johanniskrautblüten in eine Flasche mit heißem Olivenöl zu füllen. In der Sommersonne wird bis zum Frauentag im August dann jenes rote Öl daraus, dessen Heilkraft gegen Gicht und Rheuma wir im kalten Mühlenwinter schätzen; auch als wirksames Mittel gegen Würmer hat es sich bei unseren Hunden Krampus und Telemann bewährt. Kamillenköpfe müssen getrocknet werden, auch die Lindenblüten, die in Leinensäckchen in die Scheune gehängt werden: Heilende und schweißtreibende Teefeste wird das geben! Und mit Waldhonig vermengt entsteht sogar eine köstliche Medizin.
Am sechzehnten Juli krochen fünf Tiere aus dem Loch unter dem Hühnerhaus hervor, und aufgeregtes Gelocke tönte vom Hühnerhof herauf: Quixi und das braune Legehuhn hatten gemeinsam drei Hühnerkücken ausgebrütet und marschierten zusammen zum Weiherl, wohin Quixi die anderen vier lockte und immer wieder lockte: umsonst! Denn was sollten schon Hühnerkinder im Wasser, und wie sollte umgekehrt eine Watschelente den Lauf- und Scharrtierchen beibringen, wie man Sandkörnchen und Erdkrümel mit dem feinen Pickschnäbelchen umdreht. Wieder war, und nun schon zum drittenmal, unsere Wackelschwanzente in eine fürchterliche Tiertragödie hineingeraten, die aber schon in der darauffolgenden Nacht ihr grausames Ende fand. Wer der Täter war, das hat die dunkle, schwüle Sommernacht nie preisgegeben. Jedenfalls waren die drei Kücken gestohlen, Quixi und Braunbabel saßen verstört vor dem großen Loch unter dem Hühnerhaus und die Graugänse waren nicht wie sonst in den Nächten in ihrem sicheren Weiherl; erst nach langem Locken holten wir die verstörten Graugänsekinder aus dem Mädesüßgebüsch, in das sie sich ganz wider alle Sicherheitsregeln verkrochen hatten.

Am anderen Morgen begannen die Junikäfer in Massen zu schwärmen und die Wildbienen erhielten Zuzug, so daß große Aufregung unter den Tieren herrschte und Telemann in die linke Vorderpfote gestochen wurde. Ich muß erläutern, daß der Wildbienenschwarm schon jahrzehntelang – mehrere früher hier lebende Förster- und Fischerfamilien haben das berichtet – unter dem tannengeschindelten Erkerdach der Füchslmühle lebte. Um Fronleichnam kehrt er in der Regel hierher zurück; wo er den Winter verbringt, wissen wir nicht.

Wieder gab es Tierkinder, diesmal acht schneeweiße Kücken mit einer unendlich fürsorglichen Italiener-Mutter, und wieder einmal mußten wir unseren Lebenslauf mit Brennesselnsammeln, Schnittlauchhacken und Eierkochen auf diese jüngsten Mitglieder unserer Lebensgemeinschaft umstellen. »Tante Quixi-Immerbrüt«, wie wir die Wackelschwanzente nannten, buhlte natürlich sofort wieder um die Hühnerkinder, doch »Bredl« (eine hiesige Mundartbezeichnung für eine Bruthenne) stellte sehr schnell klar, wem da die Mutterrechte gebühren.

Der Juli blieb kalt und naß und unsere Kalbinnen standen oft genug frierend und triefend unter der Schirmfichte; am sechsundzwanzigsten Juli brachte eine von ihnen ein übergroßes Kuhkalb mitten auf der glitschigen Hochsommerwiese zur Welt, aber alles ging gut. Und am gleichen Tag, als sich gegen Abend zu die Regenwolken verzogen und sommerliche Schwüle eintrat, dampfte rundum die Landschaft. Zum erstenmal gelang es mir, den jungen Gabelbock durch Fiepen aus seinem Revier hervorzulocken, so daß er mich, da ich hinter dem duftenden Hollerbusch versteckt stand, beinah umgerannt hätte. An diesem Abend flogen unsere Gänse trotz ihrer Flügeloperation mit lautem Geschrei auf und davon; viel Mühe machte es, sie aus den Gerstenschlägen und halbwüchsigen Maisfeldern wieder einzufangen. Noch einmal mußten sich die armen Gänse zwei Schwingfedern nehmen lassen, wie dies halt leider in der ersten Generation einer neu zu gründenden Graugansgesellschaft notwendig ist.

Weinbergschnecken, Honiggräser und Waldschmielen, Fliegenpilz und Feuersalamander zählen zu den wichtigen Arten von Bioindikatoren, deren Erhaltung für eine gesunde Umwelt lebensnotwendig ist.

Die erste Gerste ist gemäht, und stiller wird es rund um die Mühle; nur Distelfink und Bluthänfling singen noch in den Birken und die einzige hier lebende Wachtel lockt immer wieder mit ihrem »bück-dich-bück-dich-bück-dich« aus dem Kleeacker. Die Stille wird jedoch schon durch Laute des ersten Brunfttreibens durchbrochen. In den Schilf- und Mädesüßfeldern, wo die Himbeeren gerade reifen und die Hausquelle entspringt, stellt sich ein starker alter Bock ein, der sonst sicher weit drüben im Vogelherd wohnt. Gestern haben wir schon in Heiligenstadt einen Bock aufs Blatten geschossen. Heute, am neunundzwanzigsten Juli, springen sie auch hier bereits recht gut. Während eines heftigen Gewitters kommt der alte braune Kerl zwischen Mohn- und Kornblumen aus der reifen Gerste hervor; als er dann dampfend am Scheunentor hängt, bekommen Hunde, Katze und Hühner ihren Anteil am Aufbruch. Den Magen und die Därme aber mögen unsere Wildschweine besonders gern, zumal wenn sie ein halbes Dutzend hungrige Frischlinge säugen müssen. So herrscht hier immer ein Kreislauf: Nichts, rein gar nichts geht verloren.

Der Kater Fauchi blieb nach diesem Rehbockerlebnis drei Tage lang aus und kam, nachdem wir ihn mit Schmerz und Trauer beinahe aufgegeben hatten, schwerkrank aus einer kühlen Höhle am Bächlein hervor; offenbar hatten ihn die Hunde wieder einmal erwischt. Tagelang ließ er sich im Bett oder in der warmen Augustsonne gesundpflegen. Oder hat er vielleicht eine der an der Mauer reifenden Tollkirschen oder eine Stechapfelfrucht gefressen, oder hat ihn im kleinen Torfmoor drunten die Kreuzotter gebissen? Wir wissen es nicht.

Die schlimmste aller Graugansgeschichten weiß Helga von jenem schwarzen Freitag, dem neunzehnten August, zu erzählen, als am frühen Morgen, so um sechs Uhr, plötzlich der große braune Feind, nicht der als harmlos geltende Telemann, sondern ein leibhaftiger Fuchs, am Bach stand. Maria hörte das jämmerliche Geschrei und stürzte ans Fenster: Dort zog er, die Gans im Fang, über die Holzbrücke und verschwand im Schilf. Schnell die

Die Eberesche hat wichtige Funktionen im Naturhaushalt: Als Pioniergehölz besiedelt sie Kahlschläge, zugleich begleitet sie als einziger Laubbaum die Fichte bis in höhere Bergregionen. Ihre Beeren dienen vielen Wildtieren, speziell Vögeln, als Winternahrung.

Hunde hinterher! – Doch halt, der Kater sitzt vor der Haustür und verwirrt alles. So rennen Maria, die Katze, die Hunde, die Gänse und Tante Quixi allesamt schreiend und wehklagend durcheinander. Nur Krampus behält wie immer seine starken Nerven; auf die Spur gesetzt, jagt er dem braunen Strolch und Wilddieb wenigstens noch die schöne Graugans ab und bringt sie stolz zu Maria zurück. Wir haben die tote Gans fürs Naturkundemuseum eingefroren. Seither werden die verbleibenden neun nachts wieder im Pferdestall eingesperrt, zugleich wird ein neues, sicheres Gänsehaus errichtet.

Am dreizehnten September, der erste Frost war gefallen, hat Quixi-Immerbrüt ihre fünfte und bisher letzte Enttäuschung erlebt: Wieder kam sie mit zwei Hühnerkücken an, die nur eine einzige Nacht lang bei Maria im Bett überdauerten; dann schien endgültig ihr Bruttrieb zu erlöschen. Seitdem hockt sie sinnierend auf dem Holzfloß im Bruckweiherl und interessiert sich wenig für andere Enten, Gänse oder Hühner. Manchmal erschrickt sie furchtbar, wenn ihr beim Tauchen und Gründeln der große Karpfen Sebastian begegnet oder der Sperber über den Hühnerhof jagt.

Die Zeit wird stiller. Die Zwerghühner sind längst von der Brücke weggezogen und schlafen nachts in den Fliederstauden, das Leben der Gänse hat sich wieder beruhigt und Helga hat nur noch einmal großen Kummer gehabt, als sie ihren Schnabel in der Stalltür einklemmte und sich so verletzte, daß wir tagelang nichts als »wi-wi-wi« und »schlimm-schlimm-schlimm« anhören mußten. Das ist die Zeit der großen Herbsttage, wo man am Rücken liegen, die letzte Sonnenwärme in sich einsaugen und den Blick ins Himmelblau verlieren soll. Die Ähren des Wiesenschwingels hängen über meinem Blick, Pfauenauge, Fuchs und Admiral, Bläuling und Distelfalter umgaukeln mich wie lichte, gute Tagträume. Graue Gänsekrägen tauchen in unwirklicher Größe vor meinem Gesicht auf und beginnen Knöpfe, Nase, Ohren zu beknabbern. Helga klettert mir auf den Bauch und meint, daß man von hier aus eigentlich einen guten Ausblick hätte.

An der warmen Felsenmauer jagen Eidechsen und Ringelnattern auf dicke Schildwanzen und fette Marienkäfer, im Türstock flicht die Grüne Spinne ihre Silberfäden, die Zugschwalben baden im Wassertrog, und »Knicks«, der Gartenrotschwanz, knickst zum letztenmal »auf Wiedersehen« und verschwindet in den Herbst.

Heute, am neunten Oktober, schreibe ich diese Geschichte von Helga und Quixi und all dem Leben rundum zu Ende. Es ist wieder ein wunderschöner Herbsttag, der mit dem sonst hier in den Wäldern vorherrschenden rauhen Klima wieder versöhnlich stimmt. Über den ganzen Tag breitet sich jene farbliche Harmonie, die nur dem Herbst eigen ist: Rote Aspenblätter vermengen sich mit grüngelbem Birkenlaub und grellen Kirschblättern, die handgroßen Pappelblätter sind wie auf einen Schlag zu Boden gefallen, so daß man wieder zum Viechtberg hinaufsieht.

Während ich auf der Holzbank sitze und schreibe, reihen sich die jungen Hennerl neben mir auf, und Bredl, die Alte, beginnt wieder normal zu gackern; heute werden wir die Junghennen mit blauen Ringen markieren und ins Hühnerhaus sperren, weil sie erwachsen sind.

Der Mais auf den Feldern ist abgeerntet, das Land liegt weit vor uns, und auf den Stoppeln blühen Vergißmeinnicht und Stiefmütterchen. Die Heckenrosenbüsche am Mühlengeschwell biegen sich unter der üppigen Korallenlast der Hagebutten, man sammelt Holunder und trocknet Vogelbeeren. Der Eisvogel sitzt wie immer um die Abendstunde am Bruckweiherl, wo die letzten Schnaken und Wasserjungfern tänzeln. Eine Bekassine verirrt sich vom Hammerweihermoor hierher und vertreibt den Eisvogel, dann fallen ziehende Misteldrosseln und herbstfarbene Stare im Schilf ein. Die Karpfen und Forellen springen an diesem milden Oktoberabend wie im Sommer.

Aber schon ist der große Mönch an der Hammermühle geöffnet, schon stürzt die braune Wasserflut den Roßmühlenbach hinunter, und die Weiher beginnen zu sinken.

Die Lebensweiser

Als seinerzeit in den Städten die bunten Flechten von den Dachziegeln und Bäumen verschwanden, merkte man plötzlich, daß diese Lebensanzeiger auf die Vergiftung der Luft reagiert hatten. Bevor die Flechten gehen, ist freilich längst das sogenannte »Höhere«, also empfindlichere Tier- und Pflanzenleben, dahingerafft. Übrig bleiben ein paar anfällige Monokulturen, wie wir das ja aus unseren Gras-, Mais- und Fichtenlandschaften zur Genüge kennen. Umgekehrt aber stellen sich überraschend schnell die heimatlos gewordenen Überlebenden dort wieder ein, wo wir nur ein wenig Lebensraum anbieten. Und so erleben wir hier seit einem Jahrzehnt, seitdem die paar Moorreste, einige Weiher und Brachländer von Gift und Menschen verschont bleiben, eine beglückende Wiederkehr.
Am Tag des Frühlingsbeginns war er zum erstenmal da, im Vorjahr und heuer, fast auf den Tag genau begann dasselbe gewaltige Schauspiel, das sich bis Anfang April hinzog: Wenn die Himmelsziegen über den Beckerweiherwiesen meckerten, die Drosseln lärmten und Fasane sich polternd in den Schlaf krähten, wenn über den Scharbockskräutern die ersten Kiebitze jammerten und die Bisame ihre Silberbahnen im spiegelnden Teich zogen, trat es ein, daß am Knottberg die Ringeltauben erschreckt aus der Nachtruhe aufstoben und das verhaltene »U-hu – U-hu« durch die Frühlingsnacht über den Weiher drang. Wer Geduld hat, kann den Riesenschatten über den Teich streichen sehen, wie er auf einen Bisam oder erschreckte Paarenten jagt; ein andermal sitzt er auf der hohen Schirmkiefer im Brandmoos. Wenn der Rotkelchenjubel verklingt, hebt das dunkle »U-hu, U-hu« an und taucht irgendwo hinter der »Brennerin« wieder unter.

Ein noch junger Rehbock, dessen prächtiges Geweih eine »gute Zukunft« verspricht, wie es in der Jägersprache heißt.

In diesem Jahrhundert, soviel steht fest, hat noch kein weißer Storch in unserem Dorf gebrütet; nur nach dem Zweiten Weltkrieg war einmal ein Zuggast hier, dem auf dem Schloßdach sofort ein Wagenrad angeboten wurde, umsonst. Und während in aller Welt dieser wunderschöne Glücksbringer dahinstirbt, haben wir seit drei Jahren wieder ein junges Storchenpaar, das zwar noch keine Jungen großgezogen hat, aber sein festes Nest auf dem Brauereikamin gebaut und das ganze Dorf in Aufregung versetzt hat. Unsere Störche sind deshalb hierher geflogen, weil es an den Teichen Verlandungszonen und Brachflächen gibt, in denen von Mitte Mai an, wenn sie von Afrika zurückkehren, bis Mitte September, wenn sie wieder fortfliegen, eine Überfülle an Kaulquappen und Wasserfröschen, Kröten, Libellenlarven und Fischbrut lebt. Den Sommer über standen sie oftmals auf der Koppel und lauerten auf Erdmäuse, und als die Weidenröschen am Egelseeweiher verblüht waren und der Rainfarn in vollem Gold stand, nahmen sie wieder Abschied. Es war am sechzehnten September, dem Namenstag jener geheimnisvollen Frau Ludmilla von Bogen, die hierzulande noch recht bekannt ist. An demselben Tag zog auch die Zwergtaucherfamilie mit ihren drei übriggebliebenen Jungen den Bach hinunter.
Neben dieser »großen« Vogelwelt gibt es noch jene Vielfalt seltener Lebensweiser hier vor unserer Haustür, die ihr Dasein einigen tausend Quadratmetern Schilfheimlichkeit oder den Himbeerranken und Brombeerhecken verdanken, wie die vier hier lebenden Grasmückenarten, die Sumpfrohrsänger und der Spötter. Ende Mai dann, wenn alle Urgeister am Wasser erwachen und die Wendehalskinder und die Stare schon ausgeflogen sind, beginnt der Feldschwirl mit seinem Heuschreckenlied. Wenn der Pirol längst nicht mehr über uns im Lindenblätterdach sein lustiges Versteckspiel flötet, Kuckuck und Amsel wieder stumm geworden sind, ruft er noch immer bis lang in die Julinächte hinein. Einmal wollten wir es genau wissen: Bis halb zwölf Uhr nachts hat unser Feldschwirl gesungen, und als ich morgens um zwei Uhr hinaushörte, tönte es erneut aus der Zauberwelt des bittersüßen

Spätsommer im Niedermoor: eine ökologische Zelle, in der Wollgras und Birken beheimatet sind.

Nachtschattens und der Fieberkleebüschel. Dieses kleeblättrige Enziangewächs, das allerlei Liebeszauber in sich birgt, gilt übrigens auch als Zeichen für gesunde Erlbrüche, intakte Moore und genügend feuchte Filze. Eine berühmte Medizin gibt dieser Fieberklee obendrein ab: »Folia trifolii fibbrine«, als Tee getrunken und mit Tausendgüldenkraut- oder Salbeiblättern vermengt, soll bei Gallen- und Leberleiden gut tun; bei Haustieren wirkt diese Medizin magenkrampflindernd. Fieberkleetinkturen, so steht es in unserem alten Heilkräuterbuch, »beruhigen sogar die Hypochonder«. Oberhalb dieses Feldschwirl- und Fieberkleereiches beginnt der Hochwald, hainartig mit hohen Fichten, Eichen und Birken vermengt. Unsere Hausquelle entspringt dort, Wacholderdrosseln, Baumpiepen brüten da, und natürlich auch Ringeltauben, Krähen und Eichelhäher. Auch eine meterdicke absterbende Eiche steht darin, die vor Jahren der Blitz getroffen hat. Immer wieder müssen wir diese Wohnstätte von Grauspecht und Mulmbock und die Heimat zahlreicher Naturgeister vor dem Unverständnis unserer eigenen Leute beschützen: »Die gäbe doch so schöne Sitzbänke und Tische ab, die alte dürre Eiche«, meint unser Holzhauer.
Natürlich kennen wir einige der Schwätzerlinge so wenig wie einige Falter oder Spinnen, aber etwas Peinliches ist uns heuer doch mit den Greifvögeln passiert, von denen, wie wir meinten, zwei bei der Nacht und vier am Tag hier zuhause sind: Der Waldkauz, der von November bis Lichtmeß wie wild in der Wetterfichte balzt, und die Waldohreule, die Ende Mai einmal den jungen Grauschnäpper am hellichten Tag vom Scheunendach geholt hat; dann ist da unser altes Mäusebussardpaar, ein Sperber, und immer häufiger stellt sich der Habicht ein, wenn es junge Tauben, Kücken oder Fasane gibt. Warum auch nicht, es ist für alle genügend da, und deshalb hat der Turmfalke schon an Pfingsten, als die Akelei über dem Horstbaum in voller Blüte stand, vier Junge großgefüttert gehabt, zuletzt mit Grasfröschen und jungen Feldmäusen, die im Lehenbachtal reichlich vorhanden sind. Bis in die Gerstenblüte hinein schrien und bettelten die jungen »Plärr-

goscherl«, wie Maria sie immer nannte. Der August kam ins Land, die Blattzeit der Böcke war vorüber, gelbe Rindsaugen blühten am Lehenbach.
»Wer bettelt denn um die Zeit noch?« rief unser Freund, der Falkner und Greifvogelkenner ist, als wir gerade Forellen fischten. Naiv meinte ich, daß wohl die Turmfalken droben in der Fichte eine zweite Plärrgoscherlbrut im Nest sitzen hätten, als unser Freund unter mitleidigem Kopfschütteln zum Fernglas eilte und mit jenem verklärten Blick, wie er begeisterten Ornithologen eigen ist, »drei junge Baumfalken« feststellte!
Nun, da wir die Kerle kannten und uns ihrer Seltenheit bewußt waren, sind sie natürlich über fast zwei Monate hinweg ein Lieblingsobjekt unserer Beobachtungen geworden. Und es war jedesmal ein neues Erlebnis, wenn einer der alten Baumfalken dem schreienden Bettelflug eines Jungen mit der Übergabe einer üppigen Insektenbeute in der Luft beendete, hauptsächlich waren es die großen grünen oder blauen Königslibellen, aber auch eine Fülle von Falterarten, die es in diesen Tagen hier gibt. Am dreiundzwanzigsten September pflückte ich einen großen bunten Herbstblumenstrauß für meine Mutter, dabei sah ich die Jungfalken zum letztenmal beisammen. Einzeln kehrten sie gelegentlich zur Mühle zurück, so auch an Kirchweih, bis sie dann ganz verschwanden.

Mausohr und Wasserjungfer

Mit der Pflanzenvielfalt unserer ökologischen Zelle kam die Vielfalt der Insekten, und mit der Insektenvielfalt die der Schlangen, der Vögel, der Kröten und der Fledermäuse zurück. Und weil wir auch weite Teile des Gartens wild lassen, weil Herbizide und Pestizide hier gottlob noch nicht Eingang gefunden haben, wimmelt es von Bodenleben und Regenwürmern. Manchmal in schwülen, feuchten Nächten, wenn wir rasch die Lichter öffnen, sehen wir, wie sie sich zu Tausenden in ihre Erdlöcher zurückziehen.

Im Mai kommt die Schar der Bläulinge und Feuerwanzen, Blattwespen und Erdhummeln, Widderchen und Weißlinge ins Mühlenreich; das nennen wir die Glühwurmzeit. Im Juni ist dann die Zeit der Gallmücken und der bunten Laufkäfer. Marienkäfer und Blattläuse gibt es in Scharen, Grillen rufen am trockenen Ginsterhang, und am Bruckweiherl tummeln Gelbrandkäfer und schwärmen tausend blaue Wasserjungfern.

Jetzt im Frühsommer haben die Eidechsen und alle Kröten ihre Jungen. An den Abenden kommen die dicken Muhmen, Erdkröten und Knoblauchkröten, ab und zu auch eine kleine Gelbbauchunke unterm Hoflicht an die Granitstiege, wo allerlei Nachtgeziefer zu Boden fällt, so daß ein wahres Krötengasthaus dort entstanden ist; am anderen Morgen liegen dicke Kotwürste herum mit unverdauten Chitinpanzern oder Insektenflügeln.

Etwas später dann, im August, ist die hohe Zeit der Schmetterlinge und der Nachtschwärmer, dann sind Bärspinner und Pfauenauge, Admiral und Segelfalter da, das große Grüne Blatt stellt sich ein sowie der Pappel-

Herbstliche Stimmung im Mischwald.

Im ersten Frost des Spätherbstes reift die Schlehenfrucht.

Die Mistel, die sich an Laub- und Nadelbäumen festsaugt und gleich Vogelnestern wild wuchernd in den Ästen hängt, blüht bereits im Februar. Ihre Beeren reifen im Spätherbst heran.

schwärmer, und wieder eine Weile danach, wenn die zweiten Wiesen trocknen, ist Heupferdezeit. Dann schnarrt es aus den Hollerbüschen und aus den Brennesselsträuchern, oder ab und zu hockt einer der grünen Kobolde auch auf meinem Schreibtisch und wird vom Kater Fauch über die Akten gejagt. Einmal war eine wunderschöne Eichenschwertschnecke darunter, die sich so provozierend im Arbeitszimmer niedergelassen hatte, daß ich das mir unbekannte Vieh vor ein dickes Insektenbuch setzte, um mühsam diesen lustigen Namen herauszubestimmen.

Maria hat Angst, besser Ekel vor Spinnen, und sie gibt das auch zu. Dennoch gibt es bei uns viele, viele Spinnenheime, an denen nichts verändert werden darf. Eines Tages schrieb sie folgende Liebeserklärung in unser Mühlentagebuch, die ich mit ihrer Erlaubnis hier zitieren darf: »Die rostrote, daumennagelgroße Jagdspinne hat an der Gartentür ein so stabiles Netz konstruiert, daß es sich beim Öffnen und Schließen mitbewegt. Heute hängen eine fette Schmeißfliege und ein Buntkäfer drin. Die Wäschewanne im Fenster habe ich umgedreht, damit kein Tier reinfällt. Jetzt hat ausgerechnet eine gelbe Spinne dort ihren Kokon mit vielen weißen Eiern hineingelegt, so daß ich der Spinnenmama die Wanne natürlich opfern muß. Auch am Fensterbrettl vor meinem Arbeitszimmer klebt eine flinke kleine Spinne, die ich Zebraspinnerl getauft habe; ich mag sie schon gern und begegne ihr jeden Morgen und jeden Mittag. Sie hat ein liebenswürdiges Aussehen und kurze Beinchen, die sie manchmal recht ulkig über den Kopf legt. Offenbar ist die Mühle ein idealer Lebensraum für Spinnentiere, und wo die Spinnenwelt in Ordnung ist, stimmt auch die unsrige noch.«

Die Ziegenlippe, die im Spätsommer gelb aus dem Nadelwald leuchtet, gehört der Gattung Röhrling an und wird als Speisepilz bevorzugt gesammelt.

Wie vom Himmel gefallene Sterne liegen im Herbst die Silberdisteln auf den Borstgraswiesen.

Natürlich gab es auch mit dem Hornissennest im Dachzimmer beim Wäschetrocknen oder wenn Gäste da waren Probleme. »Gottseidank« sind sie heuer ausgeblieben und haben ihr Papiernest in den ruhigeren Scheunengiebel gehängt. Dafür sind jedoch fünf leibhaftige Glücksbringer, die Wasserfledermäuse, eingezogen, drei alte und zwei junge. Am zwölften Juli, als draußen ein starkes Gewitter tobte, flogen die beiden Kinder erstmals im

Dachboden spazieren. Noch unbeholfen und ohne Schallwellen zu senden, ließen sie sich leicht einfangen und ihr schwarzes Pelzchen, die schneeweißen Zähnchen und die immer eifrigen Äuglein bewundern. Bis in den Herbst hinein flogen sie nachts zum Insektenfang um die Hoflaterne.

Diese Tiergruppe hat soviel Seltsames und Wunderbares an sich und ist zudem so lange mit allerlei Aberglauben und unsinnigen Vorstellungen zu Unrecht umwoben gewesen. Man wußte zwar schon längere Zeit, daß sie als Säugetiere lebende Junge zur Welt bringen, winzige und putzige Geschöpfe, die während des Flugs vom Weibchen mitgetragen und aus in die Achselhöhlen mündenden Zitzen gesäugt werden. Man erkannte die Wärmebedürftigkeit der Fledermäuse, durchforschte ihren monatelangen Winterschlaf und ihre geheimnisvollen, unerklärlichen Wanderwege. Eines aber blieb bis in die jüngste Zeit ein Rätsel, das zu vielen Vermutungen und Theorien Anlaß gab: Wie können diese Tiere ihre zielsicheren Beutezüge bei stockfinsterer Nacht durchführen?

Es war gegen Ende des Zweiten Weltkriegs, als ein holländischer und zwei amerikanische Forscher gleichzeitig die sensationelle Entdeckung machten, daß sich die Fledermäuse auf ihrem nächtlichen Flug eines unfehlbaren »Radargeräts« bedienen. Durch das Ausstoßen schriller, dem menschlichen Ohr nicht mehr wahrnehmbarer Schreie senden sie Schallwellen aus, die beim Auftreffen auf einen Gegenstand zurückprallen und im Gehirn des Tieres ein Hindernis oder ein angepeiltes Beutetier registrieren. Am ausgeprägtesten haben wohl die Fledermäuse ihren Winterschlaf entwickelt, da sie als reine Insektenfresser eine andere Möglichkeit der Überwinterung gar nicht gefunden hätten, es sei denn, sie würden ähnlich den Zugvögeln weite Wanderungen nach Süden unternehmen.

Wir wissen, daß sie Mitte Oktober plötzlich verschwinden, um nach einigen Zwischenquartieren ihre Winterschlafplätze aufzusuchen. Das sind meist Höhlen, wie sie in Bayern vor allem im Karst des Jura vorkommen, wo dann zehn bis zwanzig Meter unter der Erdoberfläche zwischen Tropfsteinen die winterschlafenden Fledermäuse über ein halbes Jahr lang hängen, bei einer Dauertemperatur von vier bis sechs Grad über Null, in beinahe gesättigter Luftfeuchte, um erst im April wieder zu neuem Leben zu erwachen.

Während des Winterschlafs ist der gesamte Lebensrhythmus der Fledermaus auf ein Minimum reduziert, nur wenige Herzschläge erfolgen in der Minute, die Fledermäuse liegen in einer Kältestarre, bei der die Körpertemperatur bis zu null Grad sinken kann. Wenn dann zur Frühlingszeit die Fettreserven aufgezehrt sind, verläßt die Fledermaus klapperdürr ihr Winterquartier. Für uns hier ist besonders die Gruppe der nützlichen Waldfledermäuse interessant, die Bart-, Bechstein-, Fransen-, Wasser- und Langohrfledermaus, die draußen im Wald in Baumhöhlen ihre Sommerquartiere aufgeschlagen haben und dort wahrscheinlich auch überwintern. Ähnlich wie die Höhlenbrüter unter den Singvögeln sind diese Baumfledermäuse in große Wohnungsnot geraten, seit Wirtschaftswälder keine faulen und ausgehöhlten Alteichen oder Altbuchen mehr beherbergen. Vierhundertzehn Fledermäuse konnten in den Wäldern rundum beringt werden; in der Mehrzahl sind es Langohrfledermäuse, Wasserfledermäuse, Bart- und Zwergfledermäuse, Große und Kleine Abendsegler sowie Mausohren gewesen.

Ganz besonders wertvoll für die biologische Schädlingsbekämpfung ist die enorme Standorttreue der Fledermäuse, so daß wir auf die einmal angesiedelten und sich vermehrenden Fledermäuse lange Jahre zählen dürfen. So haben wir beispielsweise bei unseren Kastenkontrollen ganze Fledermausfamilien wiedergefunden, wobei die Lebensdauer einer so kleinen Fledermaus erstaunlicherweise ein Jahrzehnt betragen kann.

Bunte Diebe

Irgendwann im September ist es gewesen, als Maria am Morgen aus dem Hühnerstall kam und »in der ökologischen Zelle sitzt der Herbst« ins Haus hineinrief. Und dabei blieb es auch, wenngleich die Zwergtaucher im Mathisweiher nochmals balzten und die Karpfen ihre fetten Buckel aus dem Wasser streckten, an allen Rainen Frauenflachs und zweiter Löwenzahn sowie duftige blaue Campanula-Glöckchen blühten. Das zweite Heu ist in der Scheune, riesige Strohberge, Silomais, Hafer und Futterrüben sind eingespeichert; nur die Karpfenernte steht noch bevor, und möglichst viele kleine, feste Maronenröhrlinge müssen noch eingefroren, Perl- und Parasolpilze getrocknet werden.

Leider gibt es immer weniger Birkenpilze oder Rotkappen, kaum noch Steinpilze, ohne daß jemand genau weiß warum; auch die Preisel- und Moosbeeren sind seltener geworden. Dabei geht es uns weniger um den heilsamen Blasentee, der sich aus getrocknetem Beerenkraut sieden läßt, sondern um das Preiselbeerkompott zum Reh- und Hasenbraten und insbesondere um den Preiselbeerpunsch an Weihnachten. Dafür sind heuer Brombeeren und Wacholderfrüchte reichlich zu finden, deren Saft und Beeren vielfache Heilwirkung besitzen, daß es im alten Kräuterbuch von Hieronymus Bosch schon 1577 heißt, »daß in summa die Wirkung und Tugend des Wacholderbaumes gar nimmer zu beschreiben sei.« Dazu kommen Haselnüsse, Vogelbeeren und Hagebutten, so daß die Mühle in diesen Tagen von bunten Dieben, voran von den Eichelhäher-Schreihälsen, umzingelt ist. Hunderte von Ringeltauben, Fasanen und Tannenhäher fallen

Im erlenumsäumten Mühlengeschwell wurde ehedem das Wasser gestaut, das die Mühlenräder trieb.

zur Eichellese ein, und in den hellen Mondnächten hört man das Rehwild vom Vogelherd herunterrascheln; dann schmatzt und knackt es unter dem Wildbirnbaum, wo die steinharten Früchte im frischbereiften Altgras liegen. Krampus trägt in diesen Tagen die Nase noch höher als sonst, weil es rundherum so herrlich nach Feinden riecht. Jetzt gibt es allabendlich als Geschenk wieder einen, oft sogar zwei kleine Igel, die uns von den Hunden in die Küche gebracht werden, und jeden Abend heißt es »Pfui, du Esel!« und »Laß doch die Igel schlafen!« Obendrein gibt es jeden Abend noch viel Flöhe im Bett.

Dann ist da noch das Eichhörnl, eigentlich viele Eichhörnchen, braune, schwarze, scheckige, die unsere Hunde in dieser Zeit zum Wahnsinn treiben. Bellend und jaulend stehen sie an den Bäumen, während die Eichhörnchen mit schnellen Sätzen im Geäst verschwinden. Zweimal hätte Krampus das Eichhörnl bald erwischt, als es sich in seiner Dreistigkeit in die Küche verirrt hat, oder damals, als Frau Eichhorn mit dem Jungen im Maul von der Roterle mitten in den Lehenbach fiel.

Nicht anders ergeht es den doch recht plumpen Hunden mit unseren Wintergästen, die sich jetzt wieder so zahlreich hier einzunisten beginnen: Wald- und Gelbhalsmäuse sowie ein paar Wimperspitzmäuse. Stundenlang kann Krampus vor einem Sack bellen, bis wir ihn wegschieben und ihm die Maus über den Kopf rennt. Dafür holt sich der Baummarder seinen Tribut; wenn erst Neuschnee fällt, wird seine doppelpfötige Spur wieder hinter der Mühle geschrieben stehen.

Jeder Baum, hier eine Rotbuche mit grauen Schüsselflechten, wird zum Lebensraum. Mischwälder, bestehend aus Fichten, Tannen und Buchen, haben früher den Bayerischen Wald geprägt.

Am Wildgatter ist es hohe Zeit, die jungen Weiden und Wildobstkulturen vor dem Verbiß zu schützen und die Hütten der Wildschweine mit neuem Stroh zu füllen. Nur noch sieben junge und vier alte Sauen stehen jetzt im Gatter, da in diesem Jahr ein paar Frischlinge eingegangen sind. Trotzdem müssen noch ein paar Überläufer um Martini geschlachtet werden, weil der Lebensraum sonst zu eng wird; und an Ostern werden ja wieder Frischlinge kommen.

Bei so seltenen Tieren wie unseren Wisenten, die jetzt ihr schönstes dickes Wollkleid bekommen, steckt der jährliche Zuwachs voller Probleme: So hat unser Wisentpaar Isidor und Isabeau am Peter- und Paultag ein Kalb bekommen, die Ida, die jetzt auch schon wieder ein stattliches Kerlchen mit Plüschohren geworden ist. Gleich nach dem Krieg, als nur noch gut einhundert reinblütige Flachlandwisente auf der Erde existierten, war jedes dieser Tiere kostbar. Aus Naturschutzgründen wurde unmittelbar danach die Züchtung fortgesetzt. Heute leben wieder weit über tausend dieser prächtigen Waldrinder, und unsere Freunde und wir wissen nicht mehr, wohin mit ihnen. Ist es nicht tragisch: Zuerst starb die Art fast aus und während man um die Nachzucht bemüht war, ist der Lebensraum verlorengegangen.
Unser Damwild steht jetzt in der Brunft. Aus dem dunklen »Teiferl« ist ein stattlicher Schaufelhirsch geworden; was hatte der uns geärgert, als er durch das Loch im Zaun entkommen war! Den halben vergangenen Winter lang haben wir vergeblich versucht, ihn wieder ins Wildparkgehege zu treiben; erst mit dem Narkosegewehr ist es uns seinerzeit gelungen.
Und da sind nicht zuletzt noch Puppi und Hansi, die in diesem Bericht beinahe zu kurz gekommen wären, wo doch Puppi über Monate hinweg die Prinzessin in unserer Familie gespielt hat und dicke Protokolle über ihr eigenwilliges Verhalten notiert wurden. Dieses Püppchen, ein Rehkitz von allenfalls drei Tagen, wurde uns an einem Junitag ins Haus gebracht, an dem Tag, so steht es im Mühlentagebuch, als der noch junge Telemann zum erstenmal sein Beinchen hob. Nach Marias Urrezept mußte das Kitz natürlich in den ersten Nächten im Bett schlafen, und noch heute erinnern die hinterlassenen Spuren auf unserem Schlafzimmerteppich an diese Rehkinderstube; ein Rehkitz aufzuziehen bedarf nahezu derselben Sorgfalt wie die für ein Kleinkind, und oft genug heißt es dreimal die Nacht Flasche geben und Hintern putzen. Nur so wächst man zu einem stattlichen Reh heran! Und dann gab es die unvergeßlichen Stunden am Bach, wo wir

junge Gräser und Kleeblätter, Gänseblumen und Spitzwegerich gezupft haben, ferner die herrlichen Spaziergänge und das Springsausen mit Fraule im Garten oder auf der Wiese. Ein spielendes Rehmädchen gehört zu den süßesten Erscheinungen, die uns die Natur geschenkt hat; wir haben diese Freude über ein Jahr lang genossen. Puppi durfte sogar mit, wenn wir nach Heiligenstadt fuhren, und im Winter saßen wir oft, ebenso die zwei nahezu gleichaltrigen Katzen Faucherl und Schlaferl, bei ihr im Stall. Jeden Morgen gab es, noch als sie ein Jahr alt war, die Milchflasche, einen Apfel und Brot, dazu viele sanfte Rehbussis, die allerdings nur der Pflegemami Maria zugedacht waren. Maria wurde auch von Puppi regelmäßig geputzt, umgekehrt erwartete das Rehkind diese Pflege ebenfalls. Wenn das rote Frühlingsfell durchschimmerte, ließ es sich gern die Winterhaare auszupfen. Zogen wilde Rehe aus unserer ökologischen Zelle an der Mühle vorüber, gab es ein lockendes Gefiepe oder auch ein aufgeregtes Schrecken, was aus Püppchens schwarznasigem Mäulchen ausgesprochen komisch klang.

Püppchen gehörte auch zu den Dieben, die alle mühsam hochgezogenen Gartenblumen, vorweg die zarten Rosenknospen, konsequent allen Wildpflanzen vorzog. Im Juli, als es ein gutes Jahr alt war und die Brunft bevorstand, brachten wir es in den großen Wildpark, wo es noch heute auf Marias Ruf reagiert und mit Riesensprüngen am Gatter erscheint. Leider ist Hansi, den wir törichterweise als Bockkitz angenommen haben, so bös, daß wir seither nur mit Stöcken und Eimern bewaffnet in den Wildpark gehen können. Einmal hat der tobsüchtige Kerl Maria bereits umgestoßen und ganz schön zugerichtet.

Mittlerweile haben wir aber Dina; seither ist Puppi längst nicht mehr das jüngste unserer Tierkinder. Dina ist ein halbjähriges Haflinger Fohlen und heißt eigentlich Undine. Dina hat eine feste, dunkle Norwegermähne und ein gelbbraunes Fell; von frühmorgens bis abends wiehert sie zufrieden vor sich hin. Die alte Lisa hat Dina nach einigem Geplänkel restlos angenommen, so daß keines der beiden Pferdeweiber mehr allein irgendwohin zu bewegen ist. Seit sie im Mühlenbereich aktenkundig ist, wird ihr Tun, wie das der Schmetterlinge, Blumen und Gänse, liebevoll in unseren Tagebüchern notiert. Aber Dinas Akte ist noch dünn, wie sich das für ein unschuldiges Mädchen so gehört. Einmal ist sie zwar schon aus der Koppel entflohen und ins Lehenbachtal gejagt, ich hinterher, mitten in der Nacht; barfuß war ich, weil es schnell gehen mußte, und winselnd kam ich zur Mühle zurück, weil ich in einen Igel hineingetreten war.

Kirchweih ist gekommen, jenes satte und reife Fest vor den Winterhärten, das man wie Ostern, Weihnachten oder Lichtmeß feiern muß; nicht wie die Mittsommernächte, sondern mehr den leiblichen Eßgelüsten zugetan: den ersten Bratäpfeln, einer feisten, mit roten Trauben gefüllten jungen Wildente, frischem Zwetschgenmus und reichlich dunklem Vollbier.

Der Herbststurm wirbelt die letzten bunten Blätter samt den noch herumhockenden gefiederten Nachzüglern von den Bäumen und jagt sie auf die Reise. Die einen auf den Herbstboden, die anderen nach Süden, beide dem Kreislauf der Natur entsprechend.

Aus den Wäldern steigen in diesen Tagen feuchte Nebelschwaden auf, die Erde riecht nach Allerseelen und nach der Lust zu schlafen oder zu sterben. Im trüben Nieselregen, wenn schon am Mittag die Dämmerung naht, steht man an einer nackigkahlen Randbuche und paßt auf einen Hasen oder ein schwarzes Winterreh. Am Nikolaustag gibt es ein lustiges Stöbern, die bunten Fasangockel hinterlassen dabei viele Blutstropfen auf den frisch gefallenen Schnee, Spuren, die sich bis Weihnachten durch häufigen Schneefall wieder verwischen. Winterstürme wühlen die Weiher auf, an den Einläufen der Bäche dösen graue Reiher und schwarze Bläßhühner mit eingezogenen Köpfen vor sich hin. Wir schleppen Brennholz für den Kachelofen heran, das erste Geselchte und bunte Pfaffenhütchen von Heiligenstadt sind da und die Barbarazweige – lichte, helle Wildkirschen – stehen im Tonkrug.

Die Zeit schreitet unaufhaltsam voran; zwischen der Lucier-Nacht und

Der Mäusebussard zählt mit zu den meistverbreiteten Greifvogelarten.

Ein Igelkind, das sich bei drohender Gefahr instinktiv zusammenrollt.

Die in Feld und Gebüsch lebende Waldmaus kann eine Körperlänge von etwa zehn Zentimeter erreichen.

Die Haselmaus verschläft den Waldwinter.

der Wintersonnenwende scheint sie noch einmal kurz still zu stehen. Erst wenn die drückende Losnacht überwunden und das Weihnachtslicht im Ahnen ist, werden wir uns für ein frohes Jahresende bereithalten. Die Hunde werden wedeln, wie hunderttausendmal zuvor in unserem, in ihrem Leben, und wir werden es ihnen nicht danken können.

Dann kommen die Rauhnächte, und irgendwann wird wieder, wie zu Beginn dieser Geschichte, Silvester sein und wir gehen vom Onkelhaus in den Mühlengrund hinunter...

»Was war?« fragt mich Maria. Und ich sage, daß wir uns künftig nicht mehr so viel Kultivieren und in die Schöpfung Dreinreden anmaßen dürfen, weil wir damit nur Gift säen, aus dem noch mehr Unheil sprießt. »Unserer Winzigkeit müssen wir wieder gewahr werden«, meine ich, wie wir die kleinen Riesenwelten über uns funkeln sehen. »Ich möchte allen Menschen die lebhaften Augen unserer goldenen Blindschleiche zeigen«, träumt Maria inmitten dieser eiskalten Winternacht.

Aber uns ist heiß ums Herz. Wenn erst die zwölf Lostage vorüber sind, werden wir die drei Kreuze mit weißer Kreide an die alte Mühlentür malen:

+ K + M + B

Hellauf lacht der Waldkauz, wie wir die Mühlentür öffnen; hoffentlich haben uns die Hunde nicht wieder den Rehrücken für den Neujahrsbraten aufgefressen.

In den höheren Waldbergregionen überwiegen die Fichten; tiefgebeugt ertragen sie die monatelange Schneelast.

Sachregister

Gerade Zahlen verweisen auf Texte und Bildlegenden, kursive auf Abbildungen

Die Strichzeichnungen sind entnommen aus: Meyers Großes Konversations-Lexikon, Bde. 1–25, Leipzig 1904: Gänsesäger (S. 12); Fasan (S. 19); Graugans (S. 25); Farn (S. 43); Flugfrosch (S. 48); Eichelhäher (S. 85); Sumpfeule (S. 101).